Günter Ihmels

De swarte Füertoorn

Een Kriminalgeschicht

Günter Ihmels

De swarte Füertoorn

Een Kriminalgeschicht

Isensee Verlag Oldenburg

Die Kriminalgeschichte „De swarte Füertoorn“ entstand nach dem Drehbuch „Boot un Dood II – De swarte Leuchttoorm“ von Helge Tramsen und Sandro Giampietro.

Bibliografische Information der Deutschen Bibliothek

Die Deutsche Nationalbibliothek verzeichnet diese Publikation in der Deutschen Nationalbibliografie; detaillierte bibliografische Daten sind im Internet über http://dnb.d-nb.de abrufbar.

ISBN 978-3-7308-1843-5

Gedruckt bei Isensee in Oldenburg

Inhaltsverzeichnis

Christian Mahler	Kommissar
Wegener	Hauptkommissar
Klaus Böttcher	Skatspeler
Imke Böttcher	Pastoorsche
Robert	Skatspeler, Bioloog
Kuddel	Skatspeler
Ingo Hartmann	Anroper
Hendrik Behrens	Mitarbeiter vun NoordStrom
Gesine Behrens	sien Fru
Paula und Ella	Kinner vun Gesine un Hendrik
Ravens	Kröger
Claas Ravens	Söhn vun den Kröger
Jens Meinert	Mitarbeiter in't Rathuus
Janssen	Börgermester
Gerhild	Fru vun Janssen
Petra	Frünnin vun Gerhild
Chef	Chef vun NoordStrom
Maike Müller	Sekretärin bi NoordStrom
Gärtner	
Fru vun'n Gärtner	
Floristin	

Achteihn, twintig, tweeuntwintig, dreeuntwintig … nee, mehr geiht nich. Kuddel schüddelt sien Kopp. He kiekt Robert an, de mit glasig Ogen in sien Blatt kiekt un afwinkt. Klaus grippt na den Skat, grient, sortiert sien Korten nee und leggt twee Korten wedder weg. Grand! He knallt Krüüz Buer op den Disch, de Glöös wackelt. Kuddel un Robert leggt sachte een Kort dorto, Klaus rafft de Korten bisiet, grient as een Honigkokenpeerd un so geiht dat wieter, bit he all Korten insammelt hett. „Mit dree, Speel veer, Snieder, swart, anschrieven“, bölkt he Robert an. Robert schnieft, nimmt dat Poppier, sien Bleesticken un smitt allens to Siet. „Ik mööt na Huus, heff een Job, mööt morgen wedder fröh rut un Vagels tellen“, grantelt he, steiht op, nimmt sien Jack un verswindt dörch de Döör. De Kröger sütt, dat Robert sien Mapp vergeten hett, wo mit groot Bookstaven NoordStrom op steiht. Mit een licht Grinsen nimmt he de Mapp an sik un versteekt se ünner sien Tresen.

„He hett verloren, he mööt betahlen“, bölkt Klaus un jachtert mit Kuddel achter Robert an. Op de Straat hebbt se em inhaalt. Betahlen, röppt Klaus un packt em an Schlafittchen. „Du verdeenst noog Geld bi NoordStrom, so dat du uns een half Jahr lang inladen kannst. Un haust uns Natur dorbi inne Pann. Wat büst du blots för een Smeerlapp. Ik hau di wat an Muul, bit du lachst!“ He haalt ut, aver Kuddel fallt em inne Arms, so dat Robert unversehrt över de Straat kummt. Robert dreiht sik üm un bölkt torüch: „Ji hebbt jo keen Ahnung, wat hier löppt, ji Töffel achteihn.“ Kuddel un Klaus verfolgt em un kriegt em wedder to faten. „So löppt dat hier“, bölkt Klaus un schubst em so, dat Robert op dat Plaaster knallt. „Laat em“, seggt Kuddel, un bugseert Klaus torüch na dat Gasthuus.

Klaus dreiht sik noch mal üm un bölkt: „Laat di hier nich mehr sehn, du Röwenswien. Anners hau ik di so, dat du dien Rippen tellen kannst.“ Kuddel treckt Klaus dörch de Döör vun dat Gasthuus, langsam hett he sik beruhigt un gnattert: „Dat hett he nu dorvon.“ Kuddel treckt Klaus anne Theke un bestellt Sluck un Beer.

De Wirt grient un meent, dat dat woll een Tiet duert, bit Robert sik wedder blicken lett. Jens, een vun de Navers anne Theke mischt sik in un verkündt, dat sik an dat Verschanneln vun de Natur woll nix mehr ännert, ok wenn de Lakai vun NoordStrom wat an‘t Muul kregen hett. Kuddel gefallt dat nich, dat se all wedder in‘t Politiseern kaamt un een Thema dörchhechelt, dat in de letzten Weken in‘t Dörp rop un rünner diskuteert worrn is. Sien Bass dröhnt dörch de Gaststuuv: „Suup di vull un freet di dick un hool dien Muul vun Politik. Hett mien Vadder all seggt, stimmt jümmers noch! Prost!“

Klaus un Kuddel prost sik to, Klaus hett ok noch een Snack bitostüern: „Nich so veel snacken, Kopp in Nacken", dormit neiht se den Sluck weg. Denn stööt se mit ehr Beerglas an un prost ok dörch dat Finster na buten. Jens grient, wiest mit sien Finger na buten un deklameert: „Wer nix hett, de hoost!" Dorbi kiekt he dörch dat Finster un is verwunnert, dat Robert buten jümmers noch op de Eerd liggt. „De röögt sik nich, is em wat passeert", fraagt he inne Runn un kiekt Klaus un Kuddel an. Ok de beiden köönt nu sehn, dat Robert jümmers noch an de glieke Steed liggt, wo he vör en poor Minuten henfullen is. Kuddel knufft Klaus inne Siet: „Kumm, wi kiekt na."

Een Ogenblick later sünd se all ut de Kneipe rut un buten ankamen. Se ümringt den Bioloog Robert, de op de Eerd liggt un sik nich mehr röögt. Jens stött Robert licht mit de Spitz vun sien Schoh an un meent: „Stah op, du Tranfunzel." Aver nix passeert. Kuddel böögt sik över Robert, un as he wedder hoch kummt, dor is he witt in't Gesicht: „De steiht nich mehr op. De is doot as Schiet."

Dat duert'n ganze Wiel, denn stamert Kuddel: „Aver ik heff doch gar nich so ... de is doch bold vun alleen ..." Kuddel schüttkoppt un kiekt Klaus an: „Wi mööt de Polizei ropen." „Wat", kreiht Klaus, „wie mööt de Polizei ropen? Büst du beschüert! Ik bün op Bewährung. Dat gloövt de mi nie un nimmer, dat dat keen Afsicht weer."

Kuddel kiekt em an: „Un nu, wat maakt wi nu?"

„Kumm, pack an! Ik heff een Plaan." Jens geiht na sien Auto hen, dat neven de Döör vun dat Gasthuus steiht. He kummt mit een Deek ünnern Arm wedder torüch, dor wikkelt he mit de Help vun Kuddel und Klaus den Doden in un transporteert em in den Kufferruum vun sien Auto. Jens stiggt in un winkt Klaus un Kuddel to, de sik denn ok bewegt un in sien Auto kruupt. Sinnig föhrt Jens los, bit he bi de Instiegsteed vun de Lune ankamen is. Hier stiegt se all dree ut, se maakt den Kufferruum op, packt den Doden un smiet em in't Water. „Dor geiht he hen", sinneert Klaus, „wat schall dor woll noch na kamen." Mit den Foot stött he een geel Kanu an, dat in de sülvige Richtung swemmt as de Liek.

Polizeirevier

As Mahler in't Polizeirevier kummt, is dor all düchtig wat los. Twee Kollegen bearbeit Stapel vun Poppier. Mahler kriegt na sien Fraag, wat de Chef all dor is, blots een Teken mit den Duum Richtung Döör, de blots anlehnt is. He kloppt an un geiht forsch rin, ahn to töven, wat he ok een Antwoort kriegt op sien Kloppen. Mit een luut „Moin, moin" kiekt he över de Schuller vun Hauptkommissar Wegener, de jüst so een groot Stapel vun Poppier vör sik hett as sien anner Kollegen. Aver Mahler kann foorts sehn, dat Wegener keen Protokolle lest, dat sünd Kataloge för Ferienreisen, de Wegener studeert.

„Ich dachte immer, dass deine Braut den Urlaub regelt", grient Mahler. „Ach, hör doch op", antert Wegener, „dat is keen Urlaub, dat is uns Hochtietsreis, de wi plaant. Nee, de ik planen mööt. Noch sünd wi nich verheirat, dor fangt de Stress all an. Mien Fru will na Süden hen, wo dat nich blots warm, sünnern hitt is. Un halligalli rund ümme Klock. Ik will mien Ruh, mit kommodig Temperaturen." Mahler grient: „Haste doch schon häufig gehört, schaff dir kein altes Haus und keine junge Frau an, ist für einen alten Mann viel zu anstrengend."

In dissen Moment bimmelt dat Telefon. Wegener grippt na den Hörer, snappt sik een nee Prospekt un stellt de Telefonanlaag so, dat Mahler ok mithören kann. He bladert wieter in siene Prospekten un hört blots mit een Ohr to, wat de Anroper seggt. Ut den Luutspreker kummt dat Gestamer vun een Mannsbild: „Hier is een Kerl … in mien Goorn … ik meen … also mit een Kanu … Wegener ward dat to bunt, packt sien Prospekt anne Siet un versööcht, den Anroper to beruhigen: „Nu mal ganz sachte un all de Reeg na. Wat is dien Naam, wo wohnst du, woher röppst du an, wat is passeert?" Nu geiht dat all beter. „Oh ja, ik heet Ingo

Hartmann un wohn in Wiesengrund 17 in Bromstedt. As ik morgens rut gung, dor seh ik … een Kerl … an't Över liggen … he is woll anspöölt worrn. He is doot!“ Wegener un Mahler hört knapp to, se schuuvt sik Prospekte hen un her. Hartmann versööcht dat wieter: „Wat schall ik denn nu doon? … Hallo?“ Nu endlich reagiert Wegener: „Doot? Denn deist du nix. Nix anfaten! Ik schick mien Lüüd.“ Mit een Bewegung vun sien Duum schickt he Mahler los, de een vun sien Prospekten fallen lett un een Grimass treckt, ahn dat Wegener dorvon wat mit kriegt.

Goorn/Över

Mahler sett sik in sien witten Benz un föhrt na de Adress, de Hartmann em an Telefon seggt hett. Bromstedt is een Stratendörp, de Hüüs sünd längs de Dorpstraat opreiht as Perlen op een Snoor. In jedeen Vörgoorn gifft dat bunte Blomen, dortwischen steiht Deko, ut een Bohuus or vun een Ferienreis mit brocht. As Mahler bi de Adress ankummt, de op sien Zeddel steiht, is allens ruhig. De Rollos sünd ünnen, komisch, an hellichten Dag. Mahler drückt op den Klingelknoop an den Ingang, aver he hört keen Bimmeln, nüms kummt an de Döör. He kiekt noch mal op sien Zeddel, wo he de Adress opschreven hett, stimmt. Denn klattert he över den Tuun, verhakt sik mit sien Büx an een rustigen Nagel mit dat Ergevnis, dat de Büx een düchtig Dreeangel afkriegt. Mahler zackereert as dull.

In Goorn dröppt he een Kolleeg in Uniform an, de dormit düchtig wat to doon hett, een Köppel Lüüd vun den Goorn fern to holen. De Kolleeg ranzt Mahler an, wat he hier to söken hett: „Büst woll neeschierig as een Höhnermors. Or bist du een Reporter vun uns Daagblatt?" Mahler wiest em sien Utwies, de Polizist verjaagt sik un brummelt wat in sien Bort, wat na Entschulligung klingt.

Mahler kiekt sik üm un sütt, dat he veel eenfacher längs dat Över in den Goorn kamen weer, so as dat de Tokiekers woll maakt hebbt, sünd woll meist Navers. Mahler is nervt un blafft de Tokiekers an: „Gibt's was umsonst, oder was steht ihr hier alle rum." De Tokiekers gaht en beten torüch, aver verjagen laat se sik nich. Mahler geiht noch mal op de Tokiekers los un fraagt: „Wer kennt den Toten?" Een vun de Mannslüüd antert em, dat he den Doden nich kennt, aver he kennt dat Kanu, wat neven den Doden liggt: „Dat hört Hendrik to." Ach, denkt Mahler, dat Kanu kenn ik ok.

He maakt een Foto vun den Doden un denn noch een vun dat Kanu, denn köönt de Lüüd vun de KTU ehr Arbeit wieter maken. Blangen dat Huus vun Hartmann steiht een Bungalow, op dat Schild steiht Jens Meinert. Mahler bimmelt, ok hier röögt sik nix. Aver Mahler hört een Snorken, kloppt an de Döör, aver dat Snorken hört nich op. Mahler nimmt de Döörklink inne Hand un stellt fast, dat de Huusdöör nich afsloten is. He geiht vörsichtig in den Flur un wieter Richtung Snorken, dat kumm ut de Wohnstuuv. He maakt de Döör apen un kriegt een Slag, dat hört sik an as wenn dree Deutz un sess Kettensagen een Konzert geevt. Een Kerl liggt op't Sofa, knapp bedeckt vun een Deek, de ok all betere Tieden beleevt hett. De Mann op dat Sofa hett een Ünnerhemd an – Schiesser Feinripp – so dat man de nakelten Arms sehn kann, op een vun de Arms is een Meerjungfru tättoweert mit groot Tittwark. Op den Disch steiht noch een Teller mit de Reste vun't Middageten. Mahler stött den Kerl op Sofa sacht anne Schullern, slagartig verstummt he, springt vun sien Sofa op un kiekt Mahler verwunnert an. Mahler höllt Meinert sien Utwies vör de Nääs: „Mahler, Kripo!" De Kerl verjaagt sik, he stamert: „Ik ... ik heff nix doon!" „Das mag wohl so sein, interessiert mich aber einen feuchten Kehricht, ich suche Herrn Hartmann", antert Mahler. „Hartmann? De levt all lang nich mehr hier." „Wie lange nicht mehr?", will Mahler weten un kriegt to hören, dat Hartmann meist all een half Johr hier nich mehr wohnt. Mahler is verwunnert: „Der Garten ist aber sehr gut gepflegt!" „Ach, dat maakt de Gröön Hand", kriegt he to hören. Mahler wunnert sik över de gröön Hand.

As Jens Meinert sütt, dat Mahler dormit nix anfangen kann, klärt he em op: „Dat is de Gärtneree, kannst midden in't Dörp finnen. Mahler fraagt Jens noch wieter ut un will vun em weten, wat he güstern inne Nacht wat hört hett. Aver dor kann Meinert em ok nich wieter helpen. Mahler verafscheed sik, man kann sehn, dat Meinert froh is, dat de ungebeden Gast weg is.

Gröön Hand

In sien witten Benz föhrt Mahler dörch Bromstedt, so langsam, dat jedeen vun de Lüüd, de sik buten bewegt ok sehn kann, wokeen dor in sitt. De Gärtneree in't Dörp to finnen is keen Kunststück, denn de meisten Hüüs liggt ja längs de Dörpstraat. Un anne Dörpstraat liggt de Gärtneree, vun wiet her all an dat Logo mit de gröön Hand to erkennen. Mahler föhrt op den Parplatz vör den Laden. Jüst as he utstiggt flitzt een junge Deern an em vorbi un stiggt in een Kastenwagen, de mit Blomen beladen is. Mahler kriegt de Deern nich mehr to faten, se düst af vun Hoff. Dorför kummt em een jungen Mann inne Mööt, de em fraagt, wat he em helpen kann. Mahler treckt sien Utwies ut sien Tasch un fraagt den Gärtner, wat he Herrn Hartmann kennt.

„Klaar“, seggt he, „is de Herr Hartmann wat passeert?“ Ahn to antern geiht Mahler in den Laden un begrött den Chef, sien Fru sitt en poor Meter wieter an een Computer. De Chef vun de Gärtneree antert Mahler mit een fründlich „Moin“ un fraagt em, wat he denn för Wünsche hett. „Viellicht een bunten Struuss för de Fru Gemahlin? Pottblomen gifft dat to Tiet besünners günstig.“

Mahler winkt af un wiest ok den Chef sien Utwies. He fraagt den Chef, wat he den Goorn vun Herrn Hartmann inne Reeg höllt. „Ja“, is de Antwoort, „den Goorn maakt wi all siet sess Maand.“ Wennehr he Hartmann to‘n letzten Maal sehn hett, will Mahler weten. „Kann ik nich seggen“, kriegt he as Antwoort, „dor mööt ik erst inne Böker kieken.“ Mahler hett ok hier keen Glück, denn de Böker hett jüst de Stüerberater Bruns afhalt, kummt dat vun de Fru vun den Gärtner. Se hett ehr Ohren spitzt un allens mitkregen. „Katja weet dat bestimmt, se is doch de Nichte vun Hartmann.“ Dat hett Mahler aver nich mehr mitkregen, denn de sitt all wedder in sien Benz un is op den Weg na dat Gasthuus.

Mahler freit sik, dat blangen de Ingangsdöör een Platz free is. In den Moment, as he utstiegen will, kummt vun de een Siet een junge Fru anjachtert. Woll an de dartig Johr oolt, kleedt mit Jeans un een kort T-Shirt, so dat man dat Tattoo op ehr verlängerten Rügg goot sehn kann. Se hett ehr Rad bi de Kark afstellt un tippt ielig mit ehr Wiesfinger op ehr Handy rüm. Se hett keen Tiet to kieken, wat dor een Auto kummt, aver se kummt ahn Maleschen över de Straat. Ut de Döör vun dat Gasthuus kummt de Kröger, in een Hand een Kuffer, in de anner Hand een Aktenmapp, wo in groot Bookstaven NoordStrom op steiht. De jung Fru un de Kröger Ravens rasselt tohoop, de Poppieren ut de Aktentasch fleegt dörch de Gegend.

De Kröger bölkt de jung Fru an: „Mönsch, Imke, hest du keen Echolot in dien Stratensnacker in?“ Imke is üm een Antwoort nich verlegen: „Ravens, dien Bremsweg weer ok all mal körter.“ Mahler stiggt ut sien Benz un geiht op Imke to, jümmers Kavalier, wenn dat üm een junge Dame geiht: „Rettung kommt“, süselt he. As he sik bückt un Imke bi dat Insammeln vun de Poppieren helpt, dor kann man all sehn, dat dat Insammeln vun de Poppieren in dissen Moment för em mehr Freud is as Arbeit. He stellt sik denn Imke ok vör as Assistent vun de Mordkommission.

De Döör vun dat Gasthuus flüggt wedder op, een Mannsbild kummt ielig rut, sütt Imke, schubst Mahler bi Siet un will Imke wat seggen. Dat gefallt Mahler aver gar nich, he packt den Kerl an sien Arm, dreiht em to sik: „Mahler, Mordkommission! Und wer sind Sie?“ Verunsekert kummt dat torüch: „Janssen, Börgermester.“ „Ach“, meent Mahler, „das ist aber schön.“ He gifft em sien Visitenkaart un blafft em an: „Sie halten sich zu meiner Verfügung.“

Jannssen is verwunnert, drückt Imke een Zeddel inne Hand un stamert wat vun Kurs un Liste, denn dreiht he af. Mahler verafscheed sik fründlich vun Imke un gifft ehr to verstahn, dat he se geern noch mal wedder sehn will.

Ahn dat Mahler dat markt, hett de Kröger Ravens Kuffer un Aktenmappe nahmen un is dormit na een Auto gahn, wat en poor Meter wieter steiht. An de Siet vun dat Auto prangt in groot Bookstaven „NoordStrom“. An Stüer sitt een jungen Kerl, dorneven sien Kumpel. Ravens maakt vörsichtig de Achterdöör vun dat Auto op, leggt Kuffer un Mapp op den Sitz un winkt de beiden jungen Kerls to, dat se verswinnen schöllt. Wat se denn ja ok maakt.

As Mahler mit sien Benz verswunnen is, geiht Janssen noch mal op Imke to un drückt se een Zeddel inne Hand. „Dat sünd de Lüüd, de sik för dien Kurs anmeldt hebbt, sünd noog Schölers worrn. Kannst anfangen an tokamen Maandag.“ Imke freit sik. Janssen stiggt in sien Auto un versööcht, sien Fru antoropen, klappt aver nich. Denn föhrt he na Huus. In den Moment as Janssen bi sien egen Huus ankummt, geiht de Döör apen un sien Fru kummt em entgegen. Ehr Gesicht kann man ansehn, dat se weent hett. Se hett in jedeen Hand een Kuffer. Janssen will ehr den Weg versparrn, aver dat klappt nich. Mit een vun de Kuffers drückt sien Fru em anne Siet, smitt de Kuffers in ehr egen Auto un düst af vun Hoff. Grimmig kiekt Janssen ehr na: „Wenn du nu geihst, denn …"

POLIZEIREVIER II

Mahler sitt an sien Schrievdisch un versööcht, all dat to Poppier to bringen, wat mit den Fall to doon hett. He drinkt een Sluck Koffee ut sien Tass, striekt op een Zeddel en poor Wöör weg un schrievt nee Wöör wedder hen. Denn steiht he op, nimmt sien Koffeetass un gütt den Rest in een groot Blomenpott, dor vegetiert een Gummiboom vör sik hen. Den Gummiboom kann man ansehn, dat he nich veel Pleeg in sien Leven afkregen hett. Mit de Tass geiht Mahler na de Koffeemaschien, füllt se mit de swarte Plöör un geiht na de Tafel, de an de Wand hangt un vullschreven is mit Notizen. Mahler kiekt sik lang de Fotos an, de he mit sien Polaroid-

Kamera maakt hett, denn sett he sik wedder hen un sinneert. Mahler is so in sien Arbeit versunken, dat he nich markt, dat sien Chef Wegener rinkamen is un em all länger beobacht. As Wegener anfangt to snacken, verjaagt Mahler sik un stamert: „Was … was ist los?“ „Hebbt se mi nix to vertellen“, kummt dat vun Wegener torüch. „Ich … ich komme mit dem Mordfall einfach nicht weiter …“, stamert Mahler. „Mord? Maakt se hier ut jedeen, de sik doot sopen hett, een Mordopper, üm sik in Hannober wichtig to maken?“ He knallt em een Packen Poppier op den Disch. Ünnerlagen, mit de Mahler sik in Hannober bewurben hett. Wegener is bös: „Dat Se mi nich mal informeert, wenn Se hier weg wöllt. Dat is 'ne Frechheit!“ „Ach“, antert Mahler, un kiekt Wegener grimmig an, „muss man bei euch Landeiern immer um Erlaubnis fragen? Schnackt doch das ganze Dorf schon drüber, dass ich zurück will nach Hannover. Ich will doch nicht bis in alle Ewigkeit Kommissar bleiben. Und die Stelle eines Hauptkommissar ist ja bis in alle Ewigkeit besetzt hier.“

Wegener is för een kort Ogenblick still. „Bevör du mitsnacken kannst mit de Landeier un bevör du na de Sterns grippst, mien Jung, lirn doch erst mal anständig platt. Dormit kummst du neger an Land un Lüüd!“ He smitt Mahler een Prospekt op‘n Schrievdisch. Mahler kiekt vörsichtig op dat Blatt. Een Prospekt, de Reklame maakt för een Plattdüütsch-Kurs.

Inne Pathologie herrscht Dodenstille. Een Liek licht op een Bahre, afdeckt mit een Dook ut Linnen. As Mahler dörch de Döör kummt, sütt he den Rügg vun den Pathologen un de Liek. He tast sik sinnig vör un fraagt lies: „Gibt es schon Erkenntnisse?“ „Ach, sütt so ut, as een sik mit Sprit vull ballert hett, Boot föhrt is un sik den Kopp stött hett. De Lung ist jüst op den Weg na Bremen. De Kollegen seggt uns sachts mehr, wenn se de Lung ünnersöócht hebbt.“

Op een Tablett liggt de Saken, de se bi den Doden funnen hebbt. Mahler kiekt sik de Saken an un wunnert sik över een Füller mit een Gravur vun NoordStrom. „Hochwertiges Teil, hat sicher einmal viel Geld gekostet“, seggt he to den Pathologen. „NoordStrom kann sich das ja wohl leisten. „De Dode bruukt dat Deel ja woll nich mehr“, meent de Pathologe, „denn is de Füller ja woll goot bi mi ophoven?“ Dorbi kiekt he Mahler an. De hett all sehn, wat de Patholoog so allens sammelt hett in de letzte Tiet: „Nix davon, Beweismittel!“ Mahler kann den Pathologen ansehn, dat em dat nich gefallt. Em reekt dat, he verswindt ut de Döör un freit sik, wedder an de frische Luft to sien.

In‘t Rathuus boxt de Bär, de Rat vun de Gemeen Bromstedt tagt. In de Midde vun een groot Saal sitt an de twintig Minschen in twee Reeg, jedeen hett een Stapel Poppieren vör sik liggen. De Börgermester sitt an Kopp vun de Versammlung, neven em steiht de Chef vun NoordStrom, de mit een Pointer een roden Punkt op de Lienwand bewegt. Een Beamer wiest een Landkaart, wo mit bunte Farv Linien op tekend sünd. An Enn vun sien Vördrag wendt de Chef sik direkt an den Börgermester un verklaart em, dat mit den Bo vun den Windpark rosig Tieden anbreekt för Bromstedt. Geld gifft dat denn in Hülle un Fülle, de Gemeen kann sik vun ehr Schulden befreen un düchtig investeern in Infrastruktur un so wieter un so wieter. Een nee Turnhalle is seker möglich, de Kinnergoorn kann ok göter warrn un de Grundschool bruukt doch seker een nee Mensa. De Gemeen geiht doch seker mit de Tied un is vörsehn as Ganzdaagsschool.

De Chef vun NoordStrom beendt sien Rede, de Börgermester steiht op un bedankt sik för den Vördrag. He verklaart, dat de Gemeenrat sik in veer Weken wedder dröppt un denn över den Plaan vun NoordStrom afstimmt. „So veel Tiet mööt ween“, seggt he, „de Fraktschoonen mööt noch intensiv den Plaan un all Ünnerlagen proven. Un de

Ünnerlagen sünd ja noch nich mal vullstännig. Dat wichtigste Thema för de Naturschützer is dat Vörkommen vun Vagels in dat Areal, wo de Windrööd stahn schöllt. Un jüst disse Ünnerlagen fehlt noch.“ Dat is denn dat Enn vun de Sitzung. Börgermester Janssen wünscht all Liddmaten un Tohörers noch een goden Avend un dat se goot na Huus hen kaamt. Den Chef vun NoordStrom kann man ansehn, dat em de letzte Satz vun den Börgermester över dat Vörkommen vun de Vagels överhaupt nich gefullen hett. He stoppt de Ünnerlagen vun sie Vördrag inne Tasch, knallt teihn Euro op de Theke un verswindt. Een korten Ogenblick later huult een Motor op, een SUV schütt as een Rakeet inne Düsternis, de Larm nimmt af. Denn is buten – anners as inne Gaststuuv – wedder Ruh inkehrt.

In‘n Saal hett sik dat halve Dörp tohoop funnen. Hendrik hett mit een Kuli vun NoordStrom allens mitschreven, wat he to hören kregen hett. Nu maakt sien Fru Gesine den Mund op, üm wat to seggen, dor föhrt ehr Jens Meinert över‘t Muul: „Du hest vör, uns Börgermestersche to warrn un dien angetrauten Kerl jobbt för NoordStrom! Slimmer kann dat ja woll nich kamen!“ Sien Navers nickköppt, klatscht inne Hannen. Gesine versööcht sik to wehren: „Hendrik hett nu Togang to all Poppieren, dat helpt uns …“ De Lüüd faat sik an den Kopp un Jens bringt dat op den Punkt: „Hool dien Muul un tell dien Geld, dat kannst nich mehr schön snacken." De Navers nickköppt, Hendrik versöcht noch mal, sien Fru to helpen: „Ik bün froh, dat ik wedder Arbeit heff, un bi disse Arbeit kann ik allens noch mal överproven." De letzten Wöör hört ok de Börgermester, de sien Platz verlaten hett. „NoordStrom hett bit vundaag jedeen Boom üm maakt, de in Weg weer, un dat passeert ok bi uns, NoordStrom verschannelt uns moie Natur, un de gode Herr Behrens is sik nich to fein, NoordStrom dorbi noch to ünnerstütten. Kasseert een Judaslohn!"

Volkshochschool

Mahler parkt sien witten Benz vör de Volkshochschool un geiht na de Döör, wo he op Imke dröppt. Mahler freit sik, Imke to sehn, de jüst mit ehr Rad ankamen is un de em fraagt, wat he hier as Polizist to doon hett. „Ach, als Polizist hab ich hier eigentlich nichts zu tun", seggt Mahler, „mein Chef hat mich dazu verdonnert, einen Plattdüütschkurs zu absolvieren. Gleich sitz ich mit anderen Leidensgenossen in einem Schulraum, der nach Schweiß riecht, und vorn sitzt ein pensionierter Studienrat … nee … nee … Oberstudienrat mit feuchter Aussprache." „Och, dat deit mi aver leed", grient Imke schienhillig, mien Beileid."

In den Ruum vun de School, wo de Ünnerricht aflopen schall, zwängt sik Mahler op een Stohl un kiekt sik üm. Neven em sitt Mannslüüd un Fruunslüüd, meist öller as he sülvst, anne Wand hangt een Krüüz. As de Döör wedder op geiht, kummt Imke rin un hett een Packen Poppier un een Lehrbook ünnern Arm. Se kiekt Mahler an, de sik verjaagt un root anlöppt. Imke kann man düütlich ansehn, dat se sik köstlich amüseert. De Faarv vun Mahlers Gesicht verännert sik vun root na violett.

De Ünnerricht vun Imke löppt as smeert. Lesen, Schrieven, Snacken passeert in Wessel mit Text un Billers, de ut uns modern Welt kaamt. Mahler harr mehr mit „Old School" rekent un weer överrascht, dat de ool Spraak Plattdüütsch in een modern Ünnerricht vermiddelt ward. Na annerhalf Stunnen harrn all Schöler dat Geföhl, dat se veel an Vokabeln un Grammatik intus kregen harrn. Ok sünd de Schöler sik över den Ünnericht persönlich neger kamen.

De Ünnericht is vörbi. Mahler packt sien Backbeeren tohoop un will geern noch en poor Wöör mit Imke snacken, aver dor hett een Uhl seten. Denn een jungen smucken Mann kummt inne Döör, nimmt Imke an de Hand, un flink sünd se beide verswunnen. Griesgrämig stiggt Mahler in sien Benz un föhrt na Huus.

Mahler is mit sien Benz ünnerwegens inne Feldmark vun Bromstedt. Weideland un Felder mit Mais wesselt sik af. Derten gifft dat op de Wischen knapp to sehn. De Straten wesselt in brede Wege för de Landwirtschaft. Denn geiht de Weg över in een Schotterweg, hier steiht een Plakat. NoordStrom! Wat hebbt de Jungs un Deerns hier egens vör, denkt Mahler. Överall in't Dörp stolper ik över NoordStrom. Un hier steiht ok all wedder een Plakat mit NoordStrom. He stoppt sien Benz un föhrt torüch, bit he lesen kann, wat op dat Plakat steiht. Windrööd sünd to sehn, woll an de foffteihn Stück.

En beten wieter weg kann man een Ansammlung vun Autos sehn, meist groot swoor SUVs, ok de een or anner Pickup is dorbi. Un en beten torüch steiht een Jagdhütt. De Hütt is mit gröön Farv anmalt, so dat man se knapp inne Landschopp finnen kann. Dor bün ik aver neeschierig, denkt Mahler, wokeen sik dor draapt. He stoppt sien Benz, stiggt ut un steevelt los.

Inne Jagdhütt hett sik een Köppel Mannslüüd tohoop funnen. Börgermester Janssen is ok dorbi, he führt dat groot Woort: „Dat is wichtig, dat wi nu all tohoop staht. Klaus, du hest uns inne Schiet bröcht." Jens stoppt em: „Ach, de Bulleree tappt doch total in't Düster!" „Nee, nee" kummt dat vun Kuddel, „de Mahler, de weet wat!" Janssen sett jüst an to een Antwoort, dor kloppt dat anne Döör. Un ahn een „Kumm rin" aftotöven steiht Mahler inne Döör. Keeneen vun de Mannslüüd röögt sik, dat Gesicht vun Janssen löppt root an. „Betriebsversammlung von den Jagdgenossen", grient Mahler.

„Stör ich?" Janssen hett sik wedder inkregen. „Köönt wi wat för Se doon?" „Ja, ich will wissen, wer der Tote ist und wer ihn abgemurkst hat. Das reicht mir für heute." Dorbi kiekt he Janssen deep inne Ogen. Dat is een ganz Wiel still, nüms röögt sik, nüms snackt een Wort. „Wi hebbt bit nu dacht, dat weer een Unfall", meent Janssen. „Nee, nee, das sieht eher aus, als dass der Tote, als er noch lebendig war, nicht freiwillig ins Wasser gegangen ist. Aber, was macht ihr hier? Strom Nord?" „Ja, ja", stamert Janssen, „denn weetst ja Bescheed." Mahler dreiht sik üm un geiht, de Mannslüüd kiekt sik swiegend an. Jens steiht op un geiht, de anner Kerls folgt em. Mahler stoppt an dat Plakat vun NoordStrom un maakt sik en poor Notizen. NoordStrom, denkt he, is dat de Slödel? Dor mööt ik hen.

De Firmensitz vun NoordStrom is een Trumm ut Beton un Glas, so as sik dat hört för een Ünnernehmen, dat an de Börse hannelt ward. Dat bruukt sien Tiet bit Mahler vorbi an den Portier un de Empfangsdame in dat Chefbüro ankummt. De Chef sitt in sien Sessel, de steiht en beten höger as de Besökerstohl. Mahler stellt sik vör, nimmt een vun de lütt Windrööd in de Hand, de op den Disch vun den Chef staht. „Naja … In der Größe würden sie wahrscheinlich niemand stören“, grient he. De Chef antert humorlos: „Kann ik Se wat helpen?“

Mahler kiekt em enst an un fraagt em, wat he een vun sien Mitarbeiters vermisst, viellicht in Bromstedt. De Chef schüttkoppt. Mahler wiest em dat Bild vun den Doden, he kiekt anekelt weg. „Wokeen schall dat ween“ fragt he Mahler, de em ahn Antwoort ehn Kuli mit de Opschrift vun NoordStrom wiest. „Haben wir bei dem Toten gefunden! Besorgen Sie mir doch bitte umgehend eine Liste mit allen Personen, die bis jetzt an dem Bromstedter Projekt mitgearbeitet haben.“

De Chef blafft in sien Telefon, foorts steiht sien Sekretärin Maike Müller in de Döör, de vun em den Opdrag kriegt, Mahler över allens to informeern, wat för em vun Belang is. Mahler fraagt se na den schicken Kuli, de se inne Hand hett. „Dorför mööt man all mal fief Johr arbeiten in dissen Laden“, seggt se lächelnd un kiekt ehr Chef dorbi an. De grient to‘n ersten Maal un meent, dat he af un an ok all mal een Füller wechschenkt hett.

Polizeirevier III

Wegener sitt in sien Büro un blädert in Prospekten, jümmers fehlt em noch dat rechte Ziel för de Flitterweken. In den Ruum, wo de Besökers vun de Polizei ankaamt un ehr Anliggen vörbringt, fangt een Schandaal an, de nich wedder ophören wull. He hört de Stimm vun sien Kollegen, aver ok de schrill Stimm vun een Fruunsminsch. Wegener klappt de Hannen op sien Ohren, aver dat helpt ok nich so richtig. He steiht op, ritt de Döör op un bölkt Richtung sien Kollegen, dat bi dissen Larm he sik nich bi de Arbeit konzentreern kann. He ritt de Döör ganz op, denn blifft em de Luft weg, sien Bruut Maike Müller is Grund för dat Theater, wat sik jüst afspeelt hett. „Ach, hier büst du, hest woll dien Handy afschalt? Ik versöök all mehr as een halve Stunn, mit di to snacken.“ Denn rauscht se in dat Büro vun Wegener. Bevör he de Döör dicht kriegt, kann he noch sehn, dat sik de Kollegen nich dat Grinsen verkniepen köönt.

Maike Müller hett sik ahn to fragen op den Chefsessel drapeert, so mööt Wegener sik op den Stohl för Besökers setten. He will sien Bruut beruhigen un fraagt fründlich: „Koffee gefällig?“ Maike Müller kiekt Richtung Koffeemaschien, wo siet twee Stunnen de Koffee in blubbert: „Den Plöör kannst sülvst supen, ik bedeen mi lever an de Maschien, de bi mien Chef vun NoordStrom steiht. Cafe latte hett sik bi jo Beamten ja woll noch nich dörchsett! Hest du de Blomen bestellt“, blafft se ehr Brödigam an. Dorbi bladert se in een vun de Prospekte, de op Wegener sien Schrievdisch liggt.

„Nee“, is de Antwoort vun Wegener, „aver na Fieravend gah ik na de Gröön Hand.“ Intwischen hett se den tweden Prospekt to faten kregen: „Du glöövst doch woll nich, dat du in disse Poppieren wat för uns Flitterweken findst? Ik heff di all dreemal seggt, dat ik dor hen will, wo dat rejell warm is, un dor maakt wi een Krüüzfohrt!“ Se smitt de Prospekte in den Müllammer, de Hälft geiht dorneven. Denn steiht se op, kiekt Wegener scharp an un verklaart em, dat se vundaag keen Tiet mehr för em hett. „Mit mien Chef heff ik noch een Termin buten inne Landschopp, wi mööt noch uns nee Windpark för de Reporters in een goot Licht stellen, un denn will he mi, wenn dat flutscht, noch to‘n Avendeten inladen.“ Se rauscht af, man kann hören, dat se ut de Döör gahn is.

Wegener blifft een ganz Wiel op sien Besökerstohl sitten. Denn quält he sik hoch, bückt sik un smitt de twede Hälfte vun de Prospekte in den Müll. Langsam schlurft he na sien egen Sessel un sinneert: „Mahler hett ja foken sien egen Menen, aver, wo he recht hett, dor hett he recht: „Een oolt Huus heff ik ja all, un dat is ganz schön anstrengend. Denn op't Dack kiekt de Drööd all dörch dat Riet. De Finster bruukt nee Farv. Un Maike kriegt een nee Badestuuv, so treckt se nich bi mi in. Un denn stimmt dat woll ok mit de junge Fru …"

Wegener klappt sien Laptop to un will dat Revier verlaten. As he an de Döör steiht bimmelt dat Telefon. Een Kolleeg in Uniform nimmt dat Gespreek entgegen, Wegener is genervt, wiel he töven mööt un trummelt mit de Fingers een Marsch op dat Schapp, wat an de Siet steiht. De Polizist informeert em, dat dat Janssen vun Chemtec weer, de een Firmenfohrtüüch vermisst, Fabrikat VW Passat, gröön, CUX CT 405. De Kolleeg versekert Wegener, dat he un sien Kollegen sik dorüm kümmert.

An Tresen fraagt Mahler den Gärtner, wat he sien Kollegin snacken kann, aver he seggt em, dat se künnigt hett. „Das ist ja schade“, seggt Mahler, „können Sie mir sagen, wo sie wohnt?“ Een Kunnin, de neven em steiht mischt sik in un verkündt, dat de bi Böttcher wohnt inne ool Dörpstraat. Aver de Gärtner korrigeert ehr: „Nee, nee, se is na ehr Fründ na Bremen hen.“

Mahler hett sien Benz op de anner Siet vun de Straat parkt. He hett all de Hand an den Slödel, dor sütt he, dat Wegener in den Laden geiht. Den is ja woll een gewaltig Luus över de Lever lopen, dinkt he, wat is mit em passeert? Dörch dat groot Finster kann he sehn, dat he sik bi de Fru vun den Gärtner plazeert un ehr mit eendüütig Gesten Anwiesungen gifft. De Gärtnerin schrievt allens op, seggt keen Woort.

Ahn Gröten steiht Wegener op un kummt mit dat glieke griegrämig Gesicht wedder rut, wat he all vörher harrt hett. Dicht neven de Döör steiht een Pott ut Plastik mit een rode Rose. Een Twieg vun de Rose verhakelt sik in de Büx vun Wegener un fallt üm. Wegener pett mit sien Foot gegen den Pott, so dat Pott un Rose an de Kant vun den Footpadd kullert. Wegener kiekt sik kort üm un geiht na sien Auto hen, so as wenn nix passeert weer.

De Fru vun de Gärtneree hett dat Spektakel dörch dat groot Schaufinster beobacht, se schüddelt ehr Kopp un wiest Wegener een Vagel.

Huus Böttcher

Mahler klingelt an de Döör vun Böttcher, de wohnt in een Villa ut de Gründertiet. Nix röögt sik. An de Villa kleevt een Anbo för Mietwohnungen, dat kann man an de Postkastens sehn. Mahler find de Döör vun de Floristin, aver dor is ok keen Bewegung to sehn. He kiekt dörch dat Fenster neven de Döör, de Ruum is leddig. Jüst in dissen Moment kummt Böttcher ut de Döör un hört Mahler, wie he in sien Telefon snackt. Denn fummelt Mahler mit sien EC-Kaart anne Döör rüm, aver ahn Erfolg. He markt, dat em een anne Schuller faat, dreiht sik üm un sütt Böttcher: „Hey, Mahler, Mordkommission, ich suche Frau Engel, Lena Engel." Klaus antert em, dat se nich mehr hier wohnt. Mahler will weten, wo se hen trucken is, aver Böttcher weet dat nich, tominnest will he dat nich seggen. Güstern keem de Möbelwagen un he hett vundaag de Slödel in sien Breevkasten funnen, behaupt he. „Un wo waren Sie am Donnerstag gegen 21 Uhr?", fraagt Mahler. Böttcher zuckt tohoop un fraagt torüch: „Mööt ik Se dat seggen?“ Mahler wiest em dat Foto mit de Waterliek un fraagt wieter: „Kennen Sie diese Person?“ „Nee, nee“, antert Böttcher, „heff ik nie nich sehn.“ Dat reekt Mahler, he geiht torüch na sien Auto un röppt över sien Schuller Böttcher to: „Wir sehen uns noch!“ Böttcher blifft anne Huusdöör stahn un kiekt dat Auto vun Mahler na, bit dat verswunnen is. Denn geiht he na sien Wohnung rin, man kann em an sehn, dat he Sorgen hett.

WINDPARK

Dor, wo in tokamen Tiet de Windrööd stahn schöllt, hett NoordStrom to een Pressetermin inladen. An de teihn Reporters hebbt sik infunnen un lustert den Chef vun NoordStrom to, de vun Klima snackt un Ökologie un dat sien Konzern anne Börse is un de Anleggers dormit reken köönt, dat ehr Kapital in de tokamen Tiet düchtig Tinsen inbringt. He hett een Stapel an Prospekten inne Hand, de verdeelt he an de Presselüüd: „Se schöllt ja nich mit leddig Hannen na Huus hen kamen“, seggt he un lacht. „Ok nich mit leddig Magen, allens bio un öko!“ He wiest op een Disch, wo een junge Fru dat Dook afnimmt un de Presselüüd fraagt, wat se denn geern drinken willt. De Reporters laat sik nich lang nögen un griept to. Een vun de jüngeren Schrieverslüüd grinst: „Bestechung“, de Annern lacht. Een vun sien Kollegen kann noch wat bistüern, wat noch to mehr Lacher sorgt: „Geldwerter Vorteil!“

Maike Müller – Chefsekretärin bi NoordStrom – steiht bi de Bewohner vun Bromstedt, de sik ok infunnen hebbt un strahlt: „Dor staht bold etliche Windrööd, super effizient, un man kann se knapp sehn inne Landschopp un ok nich hören.“ „Landschopp gifft dat bold nich mehr“, brummelt Kuddel, „NoordStrom hett ja bold all Bööm afsaagt.“ Dat kann Maike Müller so nich stahn laten: „Ik verspreek hoch un hillig, dat wi all Oplagen nakaamt, wat den Natur- un Umweltschutz angeiht. Dor passt all uns Gootachters för op.“ Dorbi kiekt se Gesine an, de sik aver foorts afwendt. Dat gifft Börgermester Janssen noch een Chance natopedden: „Gootachter, de Se betahlt, un denn versöökt Se ok noch, sien Fru in‘t Amt vun Börgermester to schuven.“ Dat bringt Gesine op de Palm: „Blots wiel mien Mann bi Ehr Firma arbeit, geev ik den Forst nich op, dor heff ik mien halve Kindheit verbrocht. Un mien Mann erst recht nich.“

De Plattdüütschkurs is jüst to Enn. De Fortschritt vun de Schöler is nich to verkennen. Mahler steiht op un geiht nach vörn, üm mit Imke to snacken: „Tschuldigung, was bedeutet eigentlich „Kiek, seggt de Katt, kiekst in‘n Pott, dor kriegt‘s een mit ’n Sleef an‘n Kopp!““ Imke lacht: „Schau, sagte die Katze, sah in den Topf, da bekam sie was mit der Suppenkelle an den Kopf!“ „Danke“, seggt Mahler, un wieter: „Haben sie nicht Lust mit mir essen zu gehen, ich kenne da ein Super-Restaurant im Dorf mit hervorragendem Essen, nur der Wirt kommt manchmal überraschend nach draußen und rennt Leute um …“

Imke lacht un nickköppt, Mahler lotst se na sien Benz, maakt ehr galant de Döör op un sett sik an‘t Stüer. In dissen Moment bimmelt sien Telefon. He hört een Ogenblick to, denn hört Imke em seggen: „Was? Jetzt? Okay, ich komme.“ He dreiht sik na Imke um: „Tut mir total leid, wichtiger Einsatz, muss sofort ins Revier.“

Mahler hett dat ielig in't Büro to kamen, klung dat an Telefon doch so, as wenn dor war passeert weer. He ritt de Döör op un blifft afrupt stahn. Een Köppel Kollegen versperrt em den Weg, un een groot Plakat is to sehn mit de Opschrift „Hannover, ich komme." Op den Disch staht Koffeetassen un een Teller mit Botterkoken. Jedeen vun de Kollegen hett sien Locher utleert un smitt Konfetti över Mahler sien Kopp. Un denn roopt all in Chor: „Beföööördeert!"

Mahler bruukt een Ogenblick bit he begrippt, wat passeert is. Wegener höllt een lütt Anspraak: „Dat weer ja woll Ehr Droom, de nu wohr ward. Se kriegt een Posten as Hauptkommissar in Hannober. Dormit hett sik Ehr Ehrgeiz ja doch noch lohnt. Ik graleer Se, Herr Kolleeg!"

Mahler fehlt de Wöör. Aver as dat mit dat Snacken denn wedder geiht, kummt dat en beten verquast ut em rut: „Ik kann dat noch gar nich glöven, dat gung ja so wat vun fix." Wegener haut em op de Schuller: „Wer hett dat wohl dacht, dat du so flink uns plattdüütsch Spraak lirnst. Kann dat an de Schoolmestersche liggen?" Sien Kollegen feixt: „Imke, Imke, Imke …" Wegener hett ok noch een Anliggen: „Kollege Hauptkommissar, nu sünd Se ja befördert worrn. Ik bitt Se, ok een Beförderung vörtonehmen. Bringt Se dat Boot vun Hendrik Behrens torüch, he bruukt dat."

Mahler klingelt an de Huusdöör vun Hendrik Behrens, buten kann man luut Musik hören, de Een or Anner seggt dor ok wohl „Larm“ to. De Döör geiht op un Hendrik steiht vör em. Mahler bölkt Hendrik an: „Ich hab Ihnen das Boot zurück gebracht …“ Hendrik versteiht nix un winkt sien Döchter Lena un Paula to, doch mal kort föffteihn to maken. Denn sett Mahler noch mal an: „Klingt gut!“ De Antwoort kummt vun Paula: „Dat speelt wi op de Demo … gegen NoordStrom. Papa will dor ja nich mit hen. Bangbüx! Aver Se, Se köönt geern kamen! Ok wenn Se vun de Bulleree sünd.“ „Ab heute Oberbulle“, kummt dat vun Mahler torüch, „aber das könnt ihr ja noch nicht wissen. Bin befördert worden.“ Paula un Lena lacht. Na de Fraag, wat he denn trotz Beförderung in Bromstedt blifft, kriegt se to hören, dat Mahler wedder torüch will na Hannober. „Wi kaamt mit“, kreiht Paula, „dor steppt de Bär, hier op Dörp is dat ja pottenlangwielig.“

Hendrik winkt af un fordert sien Döchter op, dat Boot in Goorn to transporteern. Aver de Kinner verswindt torüch in‘t Huus, so mööt Hendrik un Mahler sik sülvst afquälen mit dat Boot.

De Musik sett wedder in, Gesine kiekt ut de Döör un freit sik, dat dat Boot wedder torüch is. Mahler fraagt Hendrik: „Wieso gehst Du nicht zur Demo?“ As Hendrik em verklaart, dat he nu bi NoordStrom sien Brötchen verdeent, bohrt Mahler wieter: „NoordStrom will den Forst platt machen! Kann dir doch nicht gefallen!“ Hendrik is verlegen, dorför schalt Gesine sik in: „Hier gifft dat so veel Arten vun Derten, dat kriegt de nie un nimmer hen.“ Hendrik hett sien Spraak wedder funnen un gifft to bedenken, dat de Gootachten ja all noch mal nee maakt weern mööt. Vun sien Chef weet he, dat sien Vörgänger verswunnen is un mit em all de Poppieren. Mahler is mehr as verwunnert: „Segg dat noch mal!“ Un vun Hendrik kummt de Antwoort: „Mien Vorgänger is weg, eenfach weg. Un keeneen weet, wo he afbleven is!“

Op den Weg na Huus leggt Mahler mit sien Benz anne Tanksteed een Stopp in. De Benz bruukt Sprit, Mahler köfft sik een Buddel mit Water. Bevör he wieter föhrt, nimmt he een düchtig Sluck ut sien Waterbuddel un kummt in‘t Sinneeren. De Bioloog vun NoordStrom is verswunnen, keeneen weet, wo he hin is un Hendrik maakt sien Arbeit bi NoordStrom. Bevör ik bi NoordStrom wieter bohr, mööt ik Hendrik utquetschen, dat sünd sien Gedanken. Ik mööt mit Behrens snacken, dat is sien Plaan.

Mahler klingelt an de Döör, aver keeneen maakt em de Döör apen. He klingelt noch mal, wedder nix. Ok na sien Kloppen anne Döör kummt nüms, sünd woll all utflogen, denkt Mahler. De fröhe Vagel fangt den Wurm, kummt em in den Sinn, aver vundaag stimmt dat nich. As een Amsel an em vörbi witscht, röppt he ehr na: „Der frühe Vogel kann mich mal!“ He maakt op sien Hacken kehrt un is op den Weg na sien Benz, as he een Stimm hört: „Hey, wat is los, heff doch wat hört, ach Mahler, hebbt Se güstern wat vergeten?“ Mahler maakt kehrt: „Nee, eigentlich nicht, ja, doch, ich will Sie was fragen, was mir bei der Arbeit vielleicht weiter hilft.“

Hendrik winkt em to, mit in den Goorn to kamen, Mahler kriegt vun Hendrik een Platz towiest. „Sett di daal, ik haal di een Koffee.“ Mahler hett nu Tiet un kiekt sik in den Goorn vun de Familie Behrens üm. Hendrik kummt mit den Koffee torüch un Mahler överschütt em mit Kumpelmenten, wat den Goorn angeiht. He kriegt vun Hendrik to hören, dat de Goorn een vun de Hobbies is, dat vun Gesine un Hendrik gemeensam pleegt ward. „Paddeln auch“, grient Mahler un sütt, dat Hendrik amüseert nickköppt.

Beide nippt an ehr Koffee, denn will Mahler vun Hendrik weten, siet wann he bi NoordStrom anstellt is, un wat he dor to doon hett. Hendrik vertellt em, dat he erst körtens, ganz överraschend, den Job kregen hett. He hett sik freit, wiel he all länger arbeitslos weer un dat em dat langsam op'n Geist gung. „Du hest veel Tiet, kannst aver nix mit anfangen. De Lüüd kiekt di scheev an, du föhlst di minnerwertig", seggt he un verklaart Mahler, dat nu sien Opgaav is, dat Vörkamen vun Vagels to dokumenteern, de sik in de Region ophollt, wo de Windpark hen schall. Wunnert hett he sik, dat schuuvt he noch na, ahn dat Mahler em fraagt, dat he nix, aver ok gar nix an Materialien inne Hand kregen hett, de sien Vörgänger produzeert hett. De Ünnersöökung löppt ja all siet een lange Tiet, dat hett he över dat Daagblatt mitkregen. Mahler fraagt em, wat he disse Arbeit denn mit sien Geweten vereenbaren kann, denn dat halve Dörp schient ja gegen dat Projekt to protesteern. Hendrik is nadenklich, seggt een Tiet lang nix, aver denn kummt dat doch ut em rut: „Ja, ik heff Kummer dormit, ok, vunwegen dat mien Fru un mien Kinner gegen dat Projekt sünd."

Denn kummt Mahler op Gesine to snacken un will weten, wat Hendrik mit sien Job nich ehr Chancen bi de Wahl to'n Börgermester vermasselt. „Mag ween", meent Hendrik, „aver in uns Ehe is dat so, dat wi emanzipeert sünd un jedeen vun uns sien Ding maakt un dat wi uns jümmers noch in de Ogen kieken köönt. Anners is dat bi ehr Konkurrent", grient he, „de Janssen is een oolen Patriarch, kennt dat Woort

Emanzipatschoon jümmers noch nich. He hett sien Fru so behannelt, dat se afhaut is. Mit so een Bild kannst ok keen Blomenpott winnen bi de Wahl.“

Mahler drinkt noch een Sluck ut sien Koffeetass, steiht op, bedankt sik bi Hendrik för Koffee un Gesellschopp un slendert na sien Benz hen. He dreiht sik noch mal üm, winkt Hendrik to un is denn af vun Hoff.

NoordStrom II

Mahler steiht mit sien Benz vör de Schranke vun een Parkplatz un drückt op een Knoop, dormit üm een dörch lett. In dissen Moment kummt em een anner Fohrtüüch entgegen, dat Finster vun dat Auto geiht op un he hört Maike Müller: „Hallo Herr Hauptkommissar, ik graleer dat Se befördert sünd.“ Mahler is baff un will weten, woher se dat weet in de Körte vun de Tiet. „Ach, ik seet doch in de erste Reeg, as mien Chef dat op den Weg brocht hett.“ Mahler stutzt, Maike Müller amüseert sik: „Wi hebbt nich blots Kontakte anne Steckdöös.“ Mahler: „Ach, so is das!“ Denn springt he ut sien Auto, dat vun nu an de Infohrt blockeert. Mahler kennt ja den Weg na den Chef vun NoordStrom, kummt ahn Hindernis an sien Döör, ritt se op un bölkt: „Ich muss Sie bitten, mich sofort aufs Revier zu begleiten." De Chef is verunsekert, aver denn reagiert he doch: „Wat is los?" Mahler sütt dat sinnig Grinsen in sien Gesicht un bölkt wieter: „Der Tote hat für Sie gearbeitet! Sie haben vorsätzlich gelogen! Wenn Sie mit der ganzen Sache nichts zu tun haben, hätten sie doch nicht geholfen, mich nach Hannover zu befördern. Wo waren sie am Donnerstag nach 21 Uhr?"

„Ach, bin ik nu verdächtig?", fraagt he Mahler un kiekt sik üm, wiel vun de achter Siet vun sien Büro, wo man nich rin kieken kann, sik Hauptkommissar Wegener na vörn bewegt. He hett een Golfsläger inne Hannen un speelt dormit rüm. „Wat bildst du di egentlich in, kummst rin as Rambo un belästigst unbescholten Lüüd. Se sünd doch gar nich mehr toständig för den Fall!" kummt dat vun Wegener, de sien Gesichtsfarv root anlopen is.

Mahler is perplex, dat düert een Ogenblick, bit he antern kann: „Das haben sie beide sich ja schön ausgedacht. Unter diesen Umständen können Sie sich die Beförderung sonstwo hinstecken. Wo waren Sie am Donnerstag nach 21 Uhr?", will he weten un kiekt den Chef vun NoordStrom intensiv an. De Antwoort kummt wedder vun Wegener: „Dat gifft keen Mord! Ik will vun ehr Gesabbel nix mehr weten. Sabbel di doot an Muttentitt! Dat kummt noch so wiet, un du hest keen Deenstmark mehr."

Mahler steiht an de Steed, wo de Waterliek funnen worrn is. Op 'ne Bank sitt mit grimmig Gesichtsutdruck Kuddel un Klaus. Mahler kiekt se afwesselnd beide an un seggt een ganze Tiet nix. Denn blots een eenzig Woort: „Und?" Klaus is vergrellt: „Wat Und? Wi hebbt keen Lust, bi dien Quizshow mittomaken. Wi hebbt keen Tiet, wi mööt uns Arbeit maken. Wenn Du wat vun uns weten willst, drück di klaar un düütlich ut, denn bruukst ok keen Poppier!" Dormit kriggt he Mahler denn doch to'n Snacken: „Hier ist es wohl passiert? Wir haben hier jede Menge an Spuren gefunden!" Kuddel blafft em an: „Un wat hebbt wi dormit to doon?" Dat hört ok Janssen, de jüst mit sien Auto ankamen is un sik to de Mannslüüd gesellt. „Is de Kommissar vundaag viellicht besünners neeschierig?" fraagt he Mahler, de em antert, dat se man blots een Ortsbegehung maakt. Dat bringt Kuddel in Wallung: „Klung even aver noch ganz anners …" He ward vun Klaus ünnerstütt: „De glöövt, dat ik em afmurkst heff." Dat bringt Janssen wedder in't Spill: Ach, dat is ja interessant. Is dat hier een offiziell Verhöör? Ahn Anwalt? Bün gespannt, wat Wegener dorto seggt. Jungs, wi sünd fardig hier." Janssen winkt Klaus un Kuddel to, mit em to kamen. Mahler blifft an't Över stahn un kiekt 'ne Tiet lang bedrüppelt in't Water.

Mahler söcht Imke. Aver he hett keen Adress vun ehr, so geiht he in dat Gasthuus in dat Hapen, dor een to finnen, de Bescheed weet. He hett Glück, all vör de Döör kann he hören, dat de Band speelt. In de Gaststuuv is anners keeneen as de Musikers, de sik vun Mahler aver nich stören laat. He töövt een Wiel, denn versöcht he noch mal, mit sien Stimm gegen den Larm antokamen, aver dat klappt nich. He geiht na dat Podest hen, wo de Instrumente op staht un treckt een Stecker ut de Steckdöös. Mit een jämmerlich Jaulen kummt de Larm to'n Stillstand.

Een vun de Musikers geiht bedrohlich op Mahler to, de zückt sien Utwies un fraagt em, wat he weet, wo Imke wohnt. Se is de Lehrersche vun den Plattdüütschkurs, de he besöcht. De Musiker grient un meent, dat se woll jüst ehr Tweetjob na geiht, innne Kark. He dreiht sik üm, steckt den Stecker wedder in de Steckdöös, un na een korten Ogenblick geiht dat Getöse wieter.

Mahler geiht na de Kark hen, de steiht ja jüst op anner Siet vun de Straat, so as sik dat hört in een ool Dörp. Fröher gungen de Mannslüüd ja erst inne Kark tohoop mit ehr Fruunslüüd, achteran gungen se denn dor hen, wo dat Gesangböker mit Henkel gifft. De Fruunslüüd müssen ja na Huus un an den Herd.

He geiht dörch de groot Karkendöör, de wiet open steiht na vorn an den Altar. Jüst as he een vun de groot Kerzen inne Hand nimmt üm to proven, wo swoor se woll is, snackt em vun achtern Imke an: „Överraschung! Büst du to'n Beden or to'n Predigen kamen?" Mahler dreiht sik üm un kummt ut dat Staunen nich mehr rut, is Imke doch mit een Robe kleedt: „... ich dachte ... ach was ..." „Schicke Uniform?", grient Imke un fraagt em, wat he sien Kriminalfall denn löst hett. Sien Antwoort „Ganz ehrlich, ich weiß überhaupt nicht mehr weiter ... alle, die was wissen, verschwinden ... oder sind verschwunden ... und mein Chef hat mich vom Fall abgezogen." Bringt Imke dorto, em to seggen, dat denn ja woll allens okay is. „Ach was, es stinkt doch zum Himmel. Ich bin ganz sicher, es war Mord! Aber ich kann es nicht beweisen ... ich weiß noch nicht mal, wer der Tote ist." Imke hett Trost för em parat: „Gott schall di helpen de Saak so to nehmen as dat is. Un ... he schall mien Gesmacksknospen in Versökung bringen mit dat Mahl, dat du mi all mal verspraken hest." „Amen" is de Antwoort vun Mahler.

As se vör de Döör vun de Kark staht, kummt Claas in Sicht, ut de Richtung vun't Gasthuus: „Ach, hier büst du, du harrst doch vör, röver to kamen?" Imke entschulligt sik, dat se dat total vergeten hett un stellt em Mahler vör, de em aver all mal över'n Weg lopen is. Claas leggt den Arm um se un winkt Mahler to'n Afscheed to. Aver Imke is dat nich recht un winkt Mahler to, doch mit to kamen. In dissen Moment kummt de Floristin in een Auto vörbi, sütt Mahler un gifft Gas. Dat sütt Mahler: „Scheiße ... das ist doch die ... Moni ... das ist meine einzige Spur ... ich muss hinterher." Un weg is he.

Verfolgungsjagd

Mahler hett de Floristin mit sien witten Benz inhalt, aver se lett sik vun em nich överhalen. Anne Ampel witscht se noch so even dörch, Mahler mööt töven un haalt se aver wedder in. Dat glieke Spill speelt sik mit een Güllefatt af. An den Ingang vun de Footgängerzoon stiggt de Floristin ut un rennt weg. Mahler stoppt sien Benz un vefolgt se. Een jungen Mann sütt, dat de Deern vun een Kerl verfolgt ward, he stellt Mahler elegant een Been, so dat Mahler dörch de Luft segelt un an een Poller liggen blifft. „Dat hest du dorvon, du Swienjack, een junge Deern to drangsaleern!“, hört he noch, denn ward em swart vör Ogen. He kriegt nicht mehr mit, dat een anner Passant 112 wählt.

POLIZEIREVIER V

Mahler sitt op een Stohl, lehnt sik anne Wand un hollt een Köhlpack an sien Stirn. Wegener steiht vör em, fuchtelt mit de Arms un bölkt em an: „Wat hebbt Se egentlich lirnt op de Polizeischool? Auto midden in Berufsverkehr op de Krüüzung stahn laten, dat is Gefährdung vun de öffentlich Ordnung.“ Mahler is noch nich ganz wedder bi sik un stamert: „Die Gärtnerin … von Hartmann … an dem Fluss.“ Dat is noch mal Water op de Möhl vun Wegener, de em rund maakt, wiel he jümmers noch in den Fall ermittelt, vun de he Mahler all längst aftrucken hett. Un as Mahler dor nix to seggen hett, kriegt he to weten, dat he sien Deenstmark un Revolver op den Disch leggen mööt: „Af vun Hoff!“ „Ohne Auto?“, fraagt Mahler kleenluut un kriegt vun Wegener een Zeddel tosmeten, mit den he sien Auto wedder kriggt.

Mahler steiht wackelig un benaut vör de Döör vun sien Revier, as Imke opkrüüzt. „Danke. Wusste nicht, wen ich anrufen sollte." Imke verjaagt sik, as se Mahler in dissen Tostand sütt un fraagt em, wat denn passeert is. Mahler vertellt ehr, dat em de Floristin utbüxt is un he sien Job los is. Un dat sien Auto vun Afsleppdeenst kapert is. „Worüm hest du Moni denn verfolgt?", will Imke weten un kriegt vun Mahler to hören: „Die weiß etwas, was wichtig ist, ganz sicher. Aber bevor ich sie befragen konnte, ist sie verschwunden."

Beide stiegt in Imke ehr Auto. Imke find in ehr Handtasch een Taschendook un wischt Mahler Bloot un Schiet af, he kiekt Imke dorbi dankbar an. Mit eenmal ward de Döör opreten un Klaus Böttcher is to sehn, de versööcht, Mahler ut dat Auto to trecken.

Imke springt op anner Siet rut un hinnert Klaus doran: „Vadder, laat em tofreden, wat mischt du di in mien Leven in?" „Wiel du dat nich markst! De nutzt di blots ut!", kummt dat torüch. Un as Imke jümmers noch unseker kiekt, jammert Klaus: „De hett mi güstern inne Kneipe ran nahmen, de meent, ik bün een Mörder … eenmal schullig, jümmers schullig …" Imke kiekt Mahler an: „Woso hest du mi dat nich vertellt?" He kriegt as Antwoort, dat Mahler ja nich wusst het, dat Klaus ehr Vadder is. Imke stiggt wedder in, kiekt Mahler an un föhrt los, ahn een Woort vun sik to geven.

Schrottplatz

Mahler steiht op een Platz, wo een ganz Reeg vun Autos afstellt sünd. Wenig Autos hebbt noch een Nummernschild, de meisten Fohrtüüch sünd afmeld un töövt op de Schrottpress. In't Büro findt he een Mitarbeiter, de Mahler mit smeerig Hannen den Zeddel vun Wegener afnimmt un studeert. „Utwies", gnatscht he. Mahler hollt em sien Deenstutwies vör de Nääs, dat maakt den Mitarbeiter nich fründlicher.

„129 Euro un 30 Cent", blafft he Mahler an, „bar auf Tatze." Mahler grippt in sien Tasch, find sien Geldbüdel un leggt em 130 Euro op den Tresen. „Stimmt so, den Rest können Sie behalten." De Mitarbeiter wiest em een Vagel, aver so, dat Mahler dat nich sehn kann.

Mahler söócht sien Benz un find em an Enn vun een lang Reeg Autos. Neven sien Benz steiht een Wagen mit de Opschrift vun NoordStrom. Hm, wat is dat, denkt he, un kiekt sik dat Auto genauer an. Op de Frontschiev find he een Opklever, de woll nöödig is, üm op den Parkplatz vun NoordStrom to kamen. Mahler nimmt sien Handy un maakt een Foto.

JUGENDZENTRUM

Mahler steiht in Ingang vun dat Jugendzentrum, en poor Jungs un Deerns wieselt dörch de Gegend un bastelt Plakate för ‘ne Demo. Rettet den Wald, kann Mahler erkennen. He spitzt sien Ohren, denn he will hören, wat de jungen Lüüd sik vertellt. Ella seggt to Paula, dat ehr Vadder doch jümmers ganz cool is. Se versteiht nich, dat he een Job bi NoordStrom annahmen hett. Paula verklaart ehr, dat dat doran liggt, dat ehr Vadder lang ahn Arbeit weer, dat hett em düchtig tosett. Denn grippst du na jedeen Strohhalm, de vorbi kummt. „Kiek“, seggt se, „dor kummt he. He is jümmers noch so cool un helpt uns mit den Transport vun uns Utensilien för de Demo.“

Gasthuus IV

Mahler steiht anne Theke un lett sik vun Ravens een nee Beer geven. He hört de Band to, de op de Bühne proovd. Sien Telefon klingelt, he lustert to, denn gifft he een Antwoort: „Ja, ich warte." Dat duert een Ogenblick, denn kummt een Bild an. Mahler kennt de Person op dat Bild nich, he geiht na Michi röver, wiel de Band jüst een Stopp inleggt hett. „Kennst du die?", fraagt he Michi. De Antwoort kummt prompt: „Dat is de Janssen, de Fru vun Börgermester. Is de wedder inne Gegend?" Dat maakt Mahler neeschierig un he will weten, wat denn mit de Fru vun Janssen los is. As Michi wedder ansett wieter to vertellen, scheucht de Kröger Ravens, de tohört hett, Michi wedder torüch op de Bühne: „Vertell keen Schiet, is allens Tüünkraam, wat de Lüüd in Dörp so vertellt."

Demo

Mahler kummt bi de Demo an, as se all full inne Gang is. He is en beten wackelig op de Been, dat letzte Beer weer woll slecht, denkt he. Op de Bühne zappelt de Deerns vun Behrens mit Arms un Beens, dat nöömt sik vundaag woll

Danzen, denkt he. Hendrik steiht an den Beerwagen, sütt Mahler un winkt em, dat he herkommen schull. He drückt Mahler een Glas Beer inne Hand un prost em to: „Kumm Krischan, wi fiert dien Afscheed … un dien Beförderung. Na Karriere sütt dat in Moment aver nich ut!"

De Kinner kloppt an de Bööm, Hendrik wunnert sik. „Wat schall dat?", fraagt he un kriegt een Antwoort: „Maakt de Oolen doch ok jümmers. Wi verdrievt de Geister."

Hendrik un Mahler lacht, denn sett se sik to de anner Gäst an den Disch. Kuddel un en poor anner Lüüd staht demonstrativ op, Hendrik kiekt Mahler an un seggt: „Wat is mit de blots los. Siet Daag geiht dat all so." Börgermester Janssen kummt an ehr Disch un kiekt Hendrik an: „Dor wunnert sik de Herr." Denn wendt he sik Mahler to: „Se sünd nich mehr in Deenst?" Meinert kummt dorto un hett ok noch wat to seggen: „Dorför veel to duhn! Alkohol in Deenst geiht gar nich." Dat kann Mahler nich op sik sitten laten, he blafft Janssen an: „Duhn sien geiht weer weg, dumm sien dat blifft. Prost! Hupps, hab ich das nicht fein gesagt? Imke, ik dank di! Ich frag Sie mal ganz privat, Janssen, wie läufts mit Ihrer Frau?" Un Janssen argert sik: „Haha … maakt Se sik doröver mal keen Sorgen. Allens best up Stee! Un mit Verlööf, Herr Mahler, dat geiht di een rechten Schietdreck an." Mahler bohrt wieter: „Wo ist sie denn eigentlich, Ihre Frau?" Un kriegt to Antwoort: „Is dat wedder een vun ehr alvern Verhöör?“ Mahler wiest Janssen dat Foto: „Wer ist denn diese Person?“ „Woher schall ik dat weten“, antert Janssen un will verswinnen. Mahler: „Wo waren Sie vorgestern? Abends?“ Janssen: „Haha … nu ik op mal, hest keen anner Verdächtigen mehr … natürlich weer ik bi mien Fru. Un willst du ok weten, wat wi so dreven hebbt de ganze Nacht? Dat geiht di erst recht een Schietdreck an!“

Mahler schaukelt na sien Auto hen, kriegt in dritten Versöök ok de Döör op, sett sik an't Stüer, fummelt mit sien Slödel ünner dat Lenkrad rüm, denn sackt sien Kopp op dat Lenkrad un he snorkt.

Fru Janssen

De swarte Füertoorn is een Toorn, de all lang för de Scheep, de längs de Weser na Bremerhoben föhrt, nich mehr bruukt ward. Pensioneert Seelüüd un anner Interesseerte hebbt sik tohoop funnen un bedrievt den Füertoorn as Museum. Meist kaamt Besökers in de Sommertiet, dat gifft veel Daag, wo de Toorn leddig is. Janssens Fru is de Süster vun den Baas vun den Vereen, de sik üm den Toorn kümmert. Ehr Broder Thies hett dat Seggen, un dat weer de Grund, worüm Gerhild Janssen sik in ehr Not an ehr Broder wandt hett.

Mien Mann, de bringt mi üm, hett se Thies verklaart, ik mööt mi för een Wiel versteken, un de swarte Füertoorn is ideal dorför. Hier findt he mi nich, wenn ik vörsichtig bün un mi daagsöver narns sehn laat. De Toorn hett een Köken, een Wohnstuuv un een Slaapstuuv, ik kann dat hier een ganz Tiet uthollen. Ehr Broder weer skeptisch un hett erst inwilligt, as se em vertellt hett, dat ehr Frünnin Petra avends kummt un ehr versorgt, wenn dat dunkel is. Petra künnigt ehr Kamen mit ehr Handy an, denn maakt Gerhild Janssen de Döör apen.

Vundaag is dat wedder so wiet, Petra hett een groot Körv mitbröcht full mit Levensmiddel. Inne Tasch hett se een Stapel Daagblatt un Illustrierte un ok een nee Book mit Sudokus. Dat bruukt Gerhild, dormit de Tiet vergeiht. Een Kiekkasten hett se nich, aver ehr Handy hett Nett un so kann se sik üm all dat Kümmern, wat inne Welt so passeert.

Gerhild hett för Petra un sik Tee kookt un Tassen un Kekse op den Disch drapeert. Petra will vun Gerhild weten, wat Janssen sik meldt hett un kriegt to Antwoort, dat he anropen hett. „Du hest doch nich dat Telefon afnahmen“, will Petra weten. Gerhild schüddelt den Kopp. As Petra wedder gahn is, steiht Gerhild noch lang an de Döör un kiekt de Wulken to, de an den Nachthimmel vörbi striekt.

Janssen hett Klaus an sien Arbeitsplatz bestellt, dat is een Labor inne Chemiefabrik. Klaus is nervös, he weet nich wat he hier schall, un dat noch midden inne Nacht, in dit Ambiente. „Ik will, dat keeneen uns sütt. Klaus, dissen Mahler, de weet, dat du dit Morslock ümbröcht hest“, kriggt he vun Janssen to hören, aver he is noch nich fardig: „Vun Mahler weet ik - he hett dat in besopen Kopp seggt - dat du morgen dran büst. Du hest blots een Chance, du möötst di stellen.“ Klaus sackt in sik tohoop, denn kummt dat in jämmerlichen Ton ut em rut: „Ik heff em doch blots en beten anstött, wiel ik stinkesuur weer wegen den Forst. Wi sünd all op em rinfullen. Un di hett he duppelt ansmeert: Geiht de ganze Tiet mit dien Olsch in‘t Bett. Du harrst ja wirklich Grund, em aftomurksen. Wo weerst du denn egentlich an den Avend?“ Janssen gifft keen Antwoort, he hanteert mit Glöös, wo een Dodenkopp op to sehn is. Dat Jammern vun Klaus geiht wieter. „Verdammich, dat kann doch allens nich wohr ween … ik heff dat doch nich wullt … ik gah na … ik gah ...“ Klaus Böttcher steiht op un geiht na de Döör to, dat sütt ut, as wenn he twintig Johr öller worrn is in de kort Tiet, de he hier in‘t Labor is.

Klaus grippt nich na de Klink, sünnern dreiht sik üm, kriggt wedder een oprechten Gang un boet sik vör Janssen op, de twee Schreed torüch wiekt, bit he mit sien Rügg an't Schapp steiht. „Janssen", seggt Klaus Böttcher un sett sien Wiesfinger op de Bost vun Janssen, „Janssen, du kennst mi all siet Johr un Dag, siet Johrteihnten., Wi hebbt tohoop Football speelt, du un ik, wi hebbt in Bromstedt een Familie gründt, een Huus köfft, Kinner kregen. Du weetst genau, wie ik tick. Un du weetst, dat ik woll af un an inne Buddel kiek. Aver du weetst ok, dat ik nie nich een Minsch wat andoon heff.

Klaus geiht wedder na de Döör hen, dreiht sik noch mal üm: „Janssen, du hest recht, ik gah na de Bulleree hen un vertell allens, wat an den Avend passeert is.

Frisörsalon

Mahler is waak worrn, wiel Kinners an de Schiev vun sien Auto kloppt. As he de Döör apen maakt, flitzt de Kinner weg. Mahler reckt un streckt sik, sien Kopp is full Pien. He schüddelt sik un beslutt na een Blick in den Speegel, dat he na 'n Frisör hen mööt.

De Frisörsalon hett een italienisch Ambiente, anne Wand hangt Billers vun Caruso un Pavarotti, Opernmusik kummt lies vun de Siet. Mahler will keen Haarsnitt, blots een Rasur.

So kummt he ok foorts ran, wat twee öller Kerls argert, aver de seggt denn doch nix un sabbelt wieter över dat letzte Spill vun TSV Bromstedt, dat mit een to fief inne Büx gahn is.

Mahler hört dörch de Musik Larm vun de anner Siet, wo dat Finster is. Klingt nich na Oper or Operette, denkt Mahler un kann mit een Blick in den Speegel erkennen, dat buten vör de Döör sik een lütt Drama afspeelt. Wegener hett sik Klaus grepen un will em afführen. Mahler suust rut un hört sien Chef Wegener seggen: „Klaus Böttcher, ik mööt Se beden, mit mi to kamen. Se sünd dringend verdächtig, dat Se den Bioloog Herrn .... Herrn ... dörch Ersticken doot maakt hebbt.“ Klaus wehrt sik: „Wat? Ik heff em doot maakt? Bün ik so blöd, dat ik denn na de Polizei hen gah un mi inbuchten laat? Ja, ik heff em schubst, so dat he op de Straat knallt is, aver ik heff em nich ümbrocht. Wegener is nich dorvon aftobringen, Klaus in dat Polizeiauto to bugseern. Mahler wiill sik inmischen, aver vun anner Siet kummt Imke un faucht Wegener an: „Mien Vadder is woll krawallig, he is aver keen Mörder!“

Nu erst hett Mahler een Chance intogriepen, aver Wegener blafft em an: „Erst maakt Se sik mal den Schuum ut Gesicht, wie sütt dat ut. De KTU geiht ut vun Mord dörch Ersticken. Herr Böttcher is gestännig. He hett togeven, dat he dat Opper attackeert hett.“ Imke geiht noch mal dortwischen:

„Mien Vadder vertellt keen Lögen. He hett seggt, dat he dat Opper schubst hett!“ Nu kann sik Wegener nich mehr torüch halen: „Ehr Vadder hett logen. He hett behaupt, he kennt dat Opper doch gar nich.“ Dorop hett Imke wedder een Antwoort: „Dat hett he seggt, vunwegen dat he op Bewährung is.“

Wegener föhrt mit Klaus in Gewahrsam af, Imke steiht stockstief op een Steed, Tranen in de Ogen. Mahler geiht na ehr hen un will se trösten, aver se wehrt em af. „Du hörst den glieken Vereen an, de in disse Saak op een gewaltig Holtweg is!“ As Mahler antern will, kummt Claas ümme Eck, leggt Imke den Arm üm de Schuller un geiht mit ehr langsam Richtung Kark.

Huus Behrens III

In de Wonstuuv vun Familie Behrens brummt dat as in een Bienenstock. Gesine drifft de Kinner an, ehr Klamotten intosammeln un rut to nehmen. De Plakate vun de Demo mööt af vun de Muer, Lena is verwunnert: „Ik kann dat nich faten, dat de bi uns na Huus hen kummt.“ Paula pocht op ehr Freeheit, wat ehr Menen angeiht, Hendrik vertröst se op tokamen Dag. Se sett jüst an, Hendrik op'n Pott to setten, dor kann man sehn, dat een groot Auto op den Hoff föhrt. De Chef vun NoordStrom stiggt ut, klingelt un ward vun de Familie Behrens fründlich begrött. He bewunnert dat Huus un fraagt, wo oolt dat is. De Antwoort kummt vun Hendrik: „Ja, dat Huus is över tweehunnert Johr oolt un wi hebbt allens so laten as dat weer. Natürlich, wi mööt alle Johr dat een or anner renoveern, aver an den Stil vun dat Huus ward nix ännert."

De Chef kriegt een Tass Koffee anboden, de Kekse lehnt he af. He nippt an den Koffee un kummt denn ok glieks to Saak: „Wie wiet sünd wi denn, Herr Behrens. Elkeen Dag kost uns een Vermögen." Hendrik treckt sien Stirn kruus un lett den Chef vun NoordStrom weten, dat he noch längst nich allens provd hett. „So kann ik dat Gootachten noch lang nich afsluten." De Chef steiht op, kiekt Hendrik grantig an un verswindt mit een kort Gröten dörch de Döör na buten.

KARK II

Imke sitt inne Kark op een Bank, Se hett ehr Ogen slaten, man kann sehn, dat se troerig is. Mahler kummt inne Kark, sütt Imke un sett sik in ehr Neegde hen. Imke kiekt em grimmig an: „Laat mi tofreden!" Mahler swiegt een Ogenblick, aver denn seggt he doch lies wat to Imke: „Egal was war, wir müssen ihm jetzt helfen!“ Imke: „Nu, op eenmal?“ Mahler: „Dein Vater war‘s nicht. Ich glaub der Janssen wars.“ Imke swiegt een ganze Tiet, aver denn fraagt se: „Wie kummst du dorop?“ Mahler‘s Antwoort kummt prompt: „Eifersucht, seine Frau hatte was mit dem Toten. Imke swiegt ‘ne ganze Wiel, denn winkt se em to: „Kaam, ik will di wat wiesen!“

Huus vun Klaus Böttcher

Imke spazeert mit Mahler na dat Huus vun ehr Vadder Klaus Böttcher hen. De Huusdöör is nich afsloten. Imke wiest Mahler een Stohl an‘n Disch inne Wohnstuuv to un geiht inne Köök, üm Koffee to maken. Inne Wohnstuuv liggt een Fotoalbum op‘n Disch. As se mit den Koffee un twee Bekers wedder torüch kummt, bladert Mahler in dat Fotoalbum. Imke kiekt em över de Schuller: „Dor bün ik fief Johr oolt, wat sööt.“ Mahler grinst: „Een rechten Wonneproppen, sööt büst bleven.“ Imke freit sik över dat Kumpelment, Mahler hett dat op plattdüütsch rut brocht. „Mien Ünnericht schient ja all Früchte to drägen“, lacht Imke. Mahler will vun ehr weten, wat se em nich een Bild vun ehr Mudder wiesen kann. Un se find ok een, ehr Mudder is hochswanger. „Heff ik nich mehr beleevt, is bi de Geburt storven … ." Mahler is benaut un drinkt een Sluck vun sien Koffee, denn bladert he wieter. He findt een Foto vun een Jagdhütt. „Dat sünd all de Jagdgenossen vun mien Vadder", vertellt Imke. „Und wer hat all die Jägersprüche produziert und die Bildtafeln? Das ist doch fast schon Kunst?" „Ach, dat weer Meinert", meent Imke, „de kann all siet sien Schooltiet jedeen Ünnerschrift fälschen, ahn dat een dat markt." „Da kann man Geld mit machen!", antert Mahler. Imke grient: „He nich, de sitt in't Inwohnermeldeamt un verdeent dor sien Brötchen as Beamten. Riek kannst dorbi nich warrn." Mahler sinneert: „Der hat die Floristin nachträglich umgemeldet, den hol ich mir, den Künstler". Mahler springt op un suust dörch de Huusdöör, denn geiht dat Richtung Rathuus. Imke blifft sitten, drinkt Sluck för Sluck ehr Koffee un kiekt Löcker inne Luft.

Rathuus II

Mahler stürmt in't Rathuus, he is op tachentich. He nimmt Kurs Richtung Inwohnermeldeamt, ritt de Döör op un findt Jens Meinert, de jüst een Kundin een Dokument inne Hand drückt. Meinert bölkt Mahler an: „Rut! Töövt se buten, bit Se dran sünd!“ Aver in glieken Tonfall kriegt he vun Mahler sien Antwoort: „Polizei!“ Un de Kundin warrt vun em beden, buten to töven. Verdattert nimmt se de Klink inne Hand un verswindt. Meinert hett sik wedder fungen un herrscht Mahler an: „Wat schall dat Theater? Un, Se sünd doch gar nich mehr in Deenst!“ Een Kollegin hett sik dat Schauspeel vun een anner Döör ut ankeken un fraagt Meinert, wat se de richtige Polizei anropen schall. De Antwoort kummt vun Mahler: „Großartig – die interessieren sich bestimmt brennend dafür, dass hier Beamte Dokumente fälschen. Meinert, Sie haben mich belogen, sie haben das Verschwinden zweier Zeugen gedeckt. Dank Ihrer Fälscherei steht Ihr Jagdbruder Klaus Böttcher unter Mordverdacht.“

Intwischen hett sik Börgermester Janssen to de Kollegin stellt: „Nu beruhigt wi uns all wedder mal … “ Aver Mahler stoppt em: „Erzählen Sie mir bloß nicht, dass Sie davon nichts gewusst haben!“ Janssen wiegelt af: „De Böttcher hett doch all seggt, dat he dat weer. Se köönt ehr Version ja Kommissar Wegener verklaren, de mööt jedeen Moment dor ween.“ In dissen Moment bimmelt dat Handy vun Mahler, he hört koort to un stürmt ut dat Rathuus. „… Jagdhütte …“, is dat, wat de Annern jüst noch to hören kriegt.

Börgermester Janssen geiht torüch na sien Amtsstuuv hen. Man kann sehn, dat he Sorgen hett, de Schullern hangt daal, he sliekt man so över den Flur vun‘t Rathuus. As he in dat Büro vun sien Sekretärin kummt, hört he se telefoniern mit ehr Frünnin, een Been vun ehr liggt attraktiv op ehr Schrievdisch.

He sliekt sik wieter in sien egen Büro, so dat de Sekretärin nix dorvon markt un plumpst in sien Chefsessel, grippt na sien Telefon, tockt torüch, nimmt sien Handy un wählt de Nummer vun sien Fru. Aver de nimmt nich af, so snackt he op den Anroopbeantwoorter: „Kumm na Huus … kumm na Huus – ik bruuk di … !“ He kann nich ahnen, dat op anner Siet sien Fru tohört. Na een kort Paus hört se ehr Mann wieter snacken, aver nu in een aggressiv Tonfall, de se vun em kennt: „Wo bist du? Kumm na Huus … foorts … ik find di … ik haal di … dat warst du bereuen!“ He leggt sien Handy weg un grippt na sien Amtstelefon. De Leitung is wedder free, sien Sekretärin hett ehr Plausch to‘n Enn brocht un poliert nu ehr Fingernagels. Janssen kriegt Kommissar Wegener anne Stripp un fraagt em, wat he nich in‘t Rathuus kamen kann.

Kort dornah sitt Wegener in dat Büro vun Janssen un will weten, wo Mahler is. Janssen vertellt em, dat Mahler foorts verswunnen is, as he hört hett, dat Wegener in Anmarsch is. Janssen vertellt Wegener, dat sien Kolleeg Mahler in‘t Rathuus rumpöbelt un ok sien Mitarbeiters bedroht hett. Wegener will weten, wat de Grund weer, aver he kriegt keen eendüütig Antwoort vun den Börgermester. Wegener is grantig un knurrt Janssen an: „Ik mööt nu een Anzeig schrieven, wat schall dor in stahn?" Janssen kriegt een roden Kopp un stamert wat vun: „Doch nich so slimm" un: „Laat uns dat man vergeten, is denn woll beter so för uns all."

Wegener steiht op, is jümmers noch vergrellt, dat Janssen em för nix un wedder nix bi sien Arbeit stört hett. An de Döör dreiht he sik noch mal üm un vermeldt Janssen, dat sien Firmenwagen wedder dor is. Janssen is elektrisiert, freit sik un will weten, wo dat Auto denn nu to finnen is. Wegener winkt af un lett hem weten, dat de Kollegen em dat Auto na Huus hen bringt. Aver dat is Janssen gar nich recht, he will sülvst dat Auto halen un denn sien Fruunsminsch dormit överraschen, de schall ehr Freud doran hebben. Wegener grient. „Wat schöön! Geiht doch nix över een glücklich Ehe!" Janssen vertellt he, wo he dat Auto finnen kann, bi de swarte Möhl.

Janssen is nu hell waak. Aver he hett toerst een anner Ziel, sien Arbeitsteed inne Chemiefabrik. He hett sien oprechten Gang wedder funnen und summt lies vör sik hen, dat „Leed vun'n Dood". Inne Fabrik ankamen nimmt he da Bild vun sien Fru un steekt dat in den Aktenvernichter, dorbi grient he licht. Ut een Schapp nimmt he een Paar Handschen ut Gummi un stoppt se in sien Tasch. Ok en poor Döker un een lütt Buddel mit een dunkel Flüssigkeit kummt mit.

De neegste Station is sien Huus inne Blomenstraat. Hier geiht he in de Garaasch, nimmt sik een scharp Warktüüch un schrabbt op dat Kennteken vun sien Motorrad rüm, bit de Tahlen un Bookstaven anners ut seht as korte Tiet vörher. He treckt sien Montur ut Ledder an un föhrt los.

Jagdhütt II

Mahler hett sien Benz afstellt un kummt anjachert, Hendrik un Kuddel sünd all dor. As Mahler wedder to Luft kamen is, wiest se em een Boom: „Sühst du dat? Överall!“ Mahler kann woll wat sehn, aver verstahn kann he nix un kiekt Hendrik mit Frageteken in‘t Gesicht an. De erst Antwoort kummt vun Kuddel, de twede vun Hendrik: „Akustisch Vagelnest! Akustisch Vagelafwehr! De sünd hier över Weken dörch den Forst rennt un hebbt gegen de Bööm slagen. Bit all Vagels vergrault weren. Nu brööd hier keeneen Vagel mehr.“ Mahler will weten, wat se dat bewiesen köönt. Hendrik schüddelt den Kopp: „Beter, een Nest is noch över bleven. Denn platzt de Afnahm an Maandag!“ Mahler kiekt Hendrik indringlich an, de een Ogenblick lang överleggt, denn geiht een licht Grinsen över sien Gesicht: „Ik glööv, dat kriegt wi hen, ik kümmer mi dorüm!“

Hendrik stüert sien Auto Richtung Noordstrom. De Wächter an de Schrank vör den Parkplatz kennt all dat Auto vun Hendrik, de Slagboom geiht hoch un he winkt em dörch. Hendrik winkt torüch un stellt sien Auto inne Neegde vun de Ingangsdöör af. In Empfang is keeneen to sehn, ok nich in dat Büro, wo normal Maike Müller sitt un oppasst as een Scheethund, dat keeneen ahn Anmellung in dat Hilligdom vun ehr Chef indringt. Hendrik kloppt an de Döör un steiht denn in dat Chefbüro, wo sien Chef een Barg Akten afarbeit. De kiekt hoch, winkt Hendrik to dat he sik een Stohl söken schall un beendt na een kort Wiel dat Aktenstudium mit sien Ünnerschrift. Denn kiekt he Hendrik an, de ahn een Woort to verleern een Mapp op den Disch vun sien Chef smitt. As de Chef em mit een Frageteken in‘t Gesicht ankiekt, findt Hendrik sien Spraak wedder: „Deid mi leed, de Opteeknung vun mien Kolleeg, de weren so mager un sünd nich vull stännig. Ik heff faststellt, dat een Boom to‘n Bröden noch dor is.“ He nimmt sien Mapp, sleit se op un wiest op een Fleck op een Land kaart. De Chef kiekt em an, fangt an to lachen un kann sik knapp wedder inkriegen. „Een Boom“, japst he, „een Boom, een ganzen Boom? Se glöövt doch woll nich, dat wi wegen een Boom dat ganze Projekt inne Tünn pett? Millionen Euros sünd verbrennt, un de Anlegers lyncht uns. Sorgt Se dorför, dat bit Maandag dat Nest verswunnen is! Hett sik in Luft oplöst!“

Hendrik steiht op un stellt sik hen so, as wenn he een Kettensaag inne Hand hett, knurrt dorto: „So schall dat gahn?“ De Chef nickköppt: „Jüst so, akkurat so. Un wenn Se noch wat an Geld bruukt, keen Problem. In uns Branche heet dat Erfolgsprämie, un de kann af un an all mal dat Gehalt vun een ganzen Maand ween.“ Hendrik geiht op den Chef to un kiekt em inne Ogen: „Nee, mit Geld kann man veel beschicken, aver nich allens. Un nich mit mi. Maak man sülvst dat, wat ik för di doon schull.“ De Chef is baff, sien Kopp löppt root an: „Di kann ik nich mehr bruken, wi sünd fardig.“

Vun Hendrik kummt dat dröög torüch: „Dat glööv ik ok.“ He geiht na buten, ganz lies kummt dat noch ut em rut, bevör he in sien Auto stiggt: „Aver noch nich ganz.“

De Chef bladert in de Mapp, de Hendrik op sien Disch smeten hett un maakt sik Notizen.

Kuddel und Mahler

Mahler verafscheed sik, Kuddel geiht swiegsam mit em na dat Auto. Bevör Mahler instiggt, will Kuddel vun em weten, wie dat mit Klaus wieter geiht. Mahler zuckt mit de

Schullern: „Weet ik nich, bün ja nich mehr in Deenst.“ Kuddel sluckt, denn kummt dat lies ut em rut: „De weer dat nich, ik weer doch dorbi. He hett em wirklich blots anstött. Un em op keen Fall de Gurgel todrückt. He weer nich doot, as wi torüch inne Kneipe gahn sünd. Dat kann ik swören. He weer erst doot, as wi wedder torüch kamen sünd. Un dortwischen is Tiet vergahn! Un in disse Tiet kunn doch jedeen …“ Mahler sinneert un will denn weten, wat Janssen inne Kneipe mit dorbi weer un kriggt vun Kuddel to hören, dat se Janssen an den Avend inne Kneipe nich sehn hebbt. Un dat is wunnerlich. Sietdem Börgermester Janssen een ernsthaftig Konkurrenz kregen hett bi de Wahl, he will ja sien Amt behollen, hett he sik foken avends inne Kneipe sehn laten, he hett keen Avend utlaten. Un hett sogar af un an een utgeven, de olle Giezkragen. Op egen Kosten, dat hett he ja woll bold jedeen Avend vun sik geven.

Mahler wesselt dat Thema un will vun Kuddel weten, wat de Fru vun Janssen een Verhältnis harrt harr, kriggt aver keen vernünftig Antwoort. Wat Janssen dorvon nich wusst hett, will Mahler weten, kriggt aver wedder keen klaar Antwoort: „Domols nich.“ „Un Janssen?“ „Dat harr de nich afkunt!“

Nu will Kuddel vun Mahler weten, wat he rutkregen hett, wokeen denn de Dode is. Mahler treckt de Schuller hoch, Kuddel kriggt keen Antwoort. Kuddel nickköppt un is övertüücht, dat Mahler jümmers noch wiet weg is vun de Lösung vun den Fall.

Mahler is alleen. He lehnt sik an sien Benz un sinneert: „Wo is Hartmann, keiner kann mir das sagen, keiner will mir das sagen. Die Floristin ist verschwunden, der Biologe von NoordStrom auch, der Lover von der Frau des Bürgermeisters auch, seine Frau ist weg, das geht hier zu wie im Bermuda-Dreieck.

Mit een Ruck löst sik Mahler ut sien Gedankenspill: „In der Fabrik." He springt in sien Benz un suust de Landstraat lang, knapp kummt he vör de Schranken to'n Stillstand, Schietendidi. Achter em bremst een Auto, de Döör geiht op un Wegener stiggt ut. Geiht na den Benz vör em un sett sik neven Mahler hen. Mahler kiekt em mit groot Ogen an. Wegener leggt los: „Kann dat ween dat du nich all Latten mehr an dien Tuun hest? Du schaffst dat, uns ganz Polizei bi all ehrbar Börger in Misskredit to bringen. Or weetst Du mehr as ik?" Mahler faat sien Kollegen an'n Arm un seggt em: „Nu hören Sie mal einen Augenblick zu und vergessen die ehrbaren Bürger, ja, ich weiß vermutlich mehr als Sie. Erstens, der Tote hatte eine Affäre mit der Frau vom Bürgermeister. Zweitens: Die Frau vom Bürgermeister ist verschwunden. Nadem Wegener disse Naricht verdaut hett, gifft he Mahler to verstahn, dat tominnest dat Auto vun Janssen sien Fru wedder dor is. Is een Firmenfohrtüüch vun de Chemie-Firma un steiht an swarten Füertoorm. Un as Mahler em fraagt, wat Janssen dat all weet, nickköppt Wegener. „Scheiße, scheiße", kummt dat vun Mahler, „nix wie hen!" Wegener springt ut dat Auto rut un röppt Mahler to: Ik schick di en poor Kollegen."

Huus Behrens IV

Hendrik hett sien Seesack funnen un packt twee Taschenlampen in, de ganz Familie löppt dörch dat Huus un sammelt Saken in, as wenn se een Nachtwannerung vör hebbt. Hendrik will weten, wat de Akkus laden sünd, Paula nickköppt. Vun Lena kriegt se to weten, dat in Schapp noch mehr Akkus sünd. Ok de verswindt in Hendriks Seesack, de prall füllt is.

Füertoorn

Janssen stellt sien Motorrad af un geiht de letzten Meter to Foot. Ut dat Finster in'n tweden Stock beobacht sien Fru em, een korten Ogenblick later kummt se ut de Achterdöör un rennt in‘t Dörp. Janssen kriegt dat mit un sliekt ehr na, jümmers in Schatten vun de Hüüs, so dat nüms em sehn kann. An Enn vun‘t Dörp steiht een leddig Fabrik, dor verswindt Fru Janssen in, ehr Mann is ehr op de Fersen. In dissen Ogenblick kummt Mahler mit sien Benz üm de Eck, sütt Janssen, stoppt sachte sien Benz un sliekt Janssen achteran. Janssen verswindt in de ool Fabrik, wo jüst vörher ok sien Fru afbleven is. Jüst as Mahler de Döör apen maakt hett Janssen sien Fru to faten kregen, de jammert: „Wat hest du vör?“ Janssen bölkt: „Ik bring di üm! Jüst so as dien Lover, den Döskopp!“ He grippt mit beide Hannen an ehr Kehl un würgt se, aver denn is Mahler to Steed un pett Janssen inne Kneekehl so dat Janssen vun sien Fru af lett un nu versöócht, Mahler to attackeern. He hett een Kantholt funnen un drängt Mahler in een Eck, wo he nich mehr rut kummt. Mahler wehrt sik, hett aver nix inne Hannen, womit he Janssen angriepen kann. Jüst as Janssen uthoolt, üm Mahler dat Kantholt op sien Kopp to hauen kriegt he vun sien egen Fru een Buddel op‘n Achterkopp un geiht k.o.

Intwischen is Wegener to Steed un verpasst Janssen Handschellen. „De deiht di nix mehr“, seggt Wegener to Fru Janssen, „tominnest in de tokamen teihn Johr.“ Mahler hett sik intwischen verhoolt un kann to dat Thema ok noch wat bistüern: „Ich würde sagen, nie und nimmer mehr in seinem Leben, denn der kriegt lebenslänglich. Vor ein paar

Sekunden hat er gestanden, dass er den Biologen abgemurkst hat.“

Wegener hett siene uniformierten Kollegen anfunkt, de Janssen unsanft in ehr Polizeiauto bugseert. Fru Janssen hebbt se dat Verspreken afnahmen, nich sülvst mit Auto na Huus hen to föhren, ehr Dochter schall se afholen. Wegener geiht na sien Fohrtüüch, grabbelt in sien Handschenfach un drückt Mahler Revolver un Deenstmark inne Hand, he grient: „Kollege, wi hebbt noch wat to doon vundaag!“ „Aye, aye Sir“, kummt dat torüch, „ik weet Bescheed, wi mööt noch een Demo oplösen.“ Wegener kiekt Mahler verwunnert an un fraagt em, wat he een Intensivkurs för Plattdüütsch bi Imke afleist hett. Mahler is üm keen Antwoort verlegen: „Nee, nee, bün een Naturtalent, aver dat mit den Intensivkurs is een gode Idee! Privatissimee!“

Lichter in'n Forst

Den Chef vun NoordStrom kann man knapp wedder kennen, he hett sien snieken Antog utwesselt gegen Kleedaasch, de mehr to een Arbeitsmann passt as to een Boss vun een Ünnernehmen, dat anne Börse hannelt ward. He lett sien swoor SUV an den Rand vun den Forst stahn, snappt sik een Stang ut Iesen ut sien Kufferruum, studeert sien Kaart un steevelt los. Na knapp teihn Minuten hett he de Steed funnen, de op sien Kaart markiert is. Hier treckt he sien Handschen an un sleit mit de Stang as bekloppt op een dicken Boom. Dorbi röppt he: „Hey, hey, hey …“ He wischt sik den Sweet af, na een kort Paus wedderholt he dat Spill. In de Ruh mischt sik een Geräusch , dat ward luter un luter: „Hey, hey, hey, hey …“ Un dorto flammt woll mehr as hunnert Lampen un Handys op. Bewohner vun dat Dörp, Manns- un Fruunslüüd un Kinners stiegt vun de Bööm un bildt een Kreis um den Chef vun NoordStrom. He steiht inne Midde vun een Lichtkegel, bedeckt sien Ogen un kann nich mehr na vörn un achtern.

Denn knackt un rauscht dat, Mahler un Wegener kaamt in Galopp an un blievt afrupt stahn, denn fallt se gemeensam in een wiehernd Gelächter. Wegener drängelt sik dörch de Demonstranten, boet sik vör den Chef op un blafft em an: „Ach, so arbeit NoordStrom, un nich mal de Chef is sik to fein dorto, Överstunnen aftorieten üm dat Wohl vun sien Firma to mehren. Dat hier is een Verbreken anne Umwelt, dor kannst för innen Knast gahn! Mien Kollegen nehmt di nu mit op't Amt, dor kannst de Geschicht nipp un nau vertellen. Un wenn dien Ünnerschrift dröög is ünner dat Protokoll, denn kannst na Huus hen gahn!“ De Tohörers klatscht Bifall un man kann dat Jammern vun den Chef noch een korte Tiet hören: „Ik will mien Anwalt spreken, ik will mien Anwalt spreken!"

Wegener un Mahler slendert torüch na ehr Fohrtüüch, Wegener ist de Erste, de wat to seggen hett. „Dat is een Moment, wo sik ok för mi un mien Leven veel ännert. Een Fründ weniger, naja, he weer ja keen Fründ, een Sportsfründ. Dat ik mal sien Sekretärin Maike heirat, kann ik mi ok nich mehr vörstellen. Un een nee Kollegen mööt ik mi ok noch söken." Mahler swiegt een ganze Wiel, aver denn hett he ok wat to seggen: „För mi ännert sik ok wat, aver besünners troerig bün ik nich. In Deenst snack ik blots noch platt, ok wenn dat mennigmal nich besünners flink geiht. Heiraden is nich mehr för di, aver för mi een Thema, Imke weet aver noch nix dorvon. Un wenn dat mit dat Heiraden klappt, denn behollst du ok dien Kolleeg un möötst di keen nee söken! Kunn ja sien, dat de nee Kolleeg keen Plattdüütsch kann un du em nich versteihst."

VEER WEKEN LATER

Imke hett sik mit Mahler verafred in't Moor. An Rand vun't Moor parkt se ehr Autos, stiegt ut un marscheert los, Na twintig Minuten sett sik Imke op een Bank, mit free

Sicht op een Tümpel. An Rand vun't Water staht Barken un dortwischen kann man Wullgras sehn. Dat Water is swart, een wunnerbor Kontrast to dat Wullgras. Imke find in ehr Tasch een Packen mit Tabak un Poppier, dreiht sik een Zigarett, stickt se an un pust den Rook wiet weg. Na den dritten Zug fangt se an to vertellen. „Ik frei mi, dat ji mien Vadder nich inbucht hebbt. He kann keen Minsch wat andoon, dat föhl ik nich blots, dat weet ik. Ik bün vun em optrucken worrn, ahn Mudder. He hett veel arbeit, dormit ik un he klaar kaamt in't Leven. He hett mi na dat Gymnasium schickt, wiel ik in de School goot lirnen kunn. He hett sik krumm leggt, dormit ik studeern kunn. Ja, af un an hett he to deep in den Buddel keken, aver dat weer denn ok flink wedder vörbi. Un eenmal hett he een Kerl tohoop slagen, wiel he in Suff dacht hett, dat dissen Kerl mi anne Wäsche wull. Dorför hebbt se em vür Gericht bröcht un he hett een Straaf kregen to Bewährung. „Aver", un denn kiekt se Mahler deep inne Ogen: „Mien Vadder is een goden Minsch, he haut nüms doot!"

Mahler hett Imke de ganz Tiet tohört, nickköppt un seggt keen Woort. Denn steiht he op, nimmt Imke an de Hand un wannert mit ehr torüch na ehr Auto. Op halven Weg dreiht he sik to ehr, kiekt ehr in de Ogen un seggt: „Ik glööv di." Den Rest vun den Weg leggt se swiegsam torüch. Knapp sünd se bi Imke's Auto ankamen, dor fangt dat an to donnern un to blitzen. Beide kaamt noch dröög in't Auto rin, aver denn geiht dat los, erst mit Hagel, denn mit Regen.

Mahler fraagt Imke, wie se op de Idee kamen is, Pastoorsche to warrn. Imke vertellt Mahler ehr Geschicht: „So as all anner Deerns ut Dörp, de ehr Abitur maakt hebbt, heff ik op Lehramt studeert. Aver bi't Studeern is mi denn klaar worrn, dat ik keen Talent dorto heff, Kinner meist gegen ehr Willen wat bitobögen. Mit lütt un groot Minschen umgahn, ja, dat kunn ik mi vörstellen, aver nich in dat Schoolsystem, wat ik as junge Deern sülvst beleevt heff. Na mien Studium heff ik denn wieter Theologie studeert un denn bün ik Pastoorsche worrn."

Mahler hett still tohört, Ogen to. Na een korten Ogenblick lacht he op un fangt denn sülvst an to vertellen: „Das ging mir ähnlich, denn ik habe auch etwas studiert, was nicht zu mir passt. Mein Vater hat mich überzeugt, Jura zu studieren. Junge, dann steht dir die Welt offen, war sein Schnack. Aber noch vor dem Examen habe ich das Studium geschmissen und bin bei der Polizei gelandet. Die Ausbildung war hart, aber ich habe mich gut gefühlt dabei. Sesselpupser war und ist nicht so mein Ding. Und mein Vater hat sich auch wieder eingekriegt, als ich die Stelle bei der Kripo bekommen habe."

De Regen is noch nich vörbi, Mahler un Imke swiegt sik 'ne Wiel an. Denn nimmt Imke vörsichtig de Hand vun

Mahler in ehr egen Hand un kiekt em in de Ogen: „Schient so, as wenn wi goot tohoop passt, vielleicht as Pott un Dekkel?“

Levensloop

Günter Ihmels is plattdüütsch in Grabstede (Friesland) upwussen. Na dat Abitur in Westerstede (Ammerland) hett he in Clausthal und Heidelberg Physik studeert. Achteran weer he Schoolmester an een Gymnasium in Hagen im Bremischen (Landkreis Cuxhoben) un levt in de Gemeen Beverstedt. Siet 2012 is he Rentner und schrievt plattdüütsche Kriminalgeschichten.

Weitere Veröffentlichungen

von Günther Ihmels im Isensee Verlag:

2014: „Doot as Schiet“
ISBN 978-3-7308-1100-9
Hörbuch „Doot as Schiet“
ISBN 978-3-7308-1244-0

2015: „Tschernobyl un siene Folgen“
ISBN 978-3-7308-1194-8
Hörbuch „Tschernobyl un siene Folgen“
ISBN 978-3-7308-1265-5

2016: „Dat Gasthuus anne Elw“
ISBN 978-3-7308-1278-5
Hörbuch „Dat Gasthuus anne Elw“
ISBN 978-3-7308-1284-6